本书是国家自然科学基金面上项目“汉语篇章结构分析的资源建设与计算模型研究”（61273320）和国家自然科学基金青年项目“汉英篇章衔接对齐资源构建与分析研究”（61502149）的成果

汉英篇章结构资源构建与分析研究

李艳翠◎著

科学出版社
北京

内 容 简 介

本书重点研究了汉语篇章结构的理论表示体系。借鉴英语修辞结构理论和宾州篇章树库体系的优点，参考汉语复句和句群的研究成果，结合汉语本身特点，本书提出一种基于连接依存树的汉语篇章结构表示体系，并根据汉语特点定义了其中的关键元素。在此基础上，本书进行了汉语篇章结构语料库的构建研究。基于连接依存树表示体系，本书采用自顶向下的标注策略和人机结合的语料库标注方式，构建了汉语篇章结构语料库，搭建了基于连接依存树的汉语篇章结构分析平台。本书最后介绍了课题组最新的研究进展，在本书提出的篇章结构体系下进行了汉英篇章结构平行语料库的对齐标注和评估分析工作。

本书可供汉英篇章结构研究者和相关爱好者参考。

图书在版编目（CIP）数据

汉英篇章结构资源构建与分析研究 / 李艳翠著. —北京：科学出版社，2019.11

ISBN 978-7-03-062658-5

Ⅰ. ①汉… Ⅱ. ①李… Ⅲ. ①英语－翻译－语料库－研究 Ⅳ. ①H315.9

中国版本图书馆 CIP 数据核字（2019）第 233650 号

责任编辑：常春娥 / 责任校对：贾伟娟

责任印制：李 彤 / 封面设计：润一文化

科学出版社 出版

北京东黄城根北街 16 号

邮政编码：100717

http：//www.sciencep.com

北京虎彩文化传播有限公司 印刷

科学出版社发行 各地新华书店经销

*

2019 年 11 月第 一 版 开本：720×1000 B5

2019 年 11 月第一次印刷 印张：12 1/4

字数：188 000

定价：88.00 元

（如有印装质量问题，我社负责调换）

前　言

篇章指由一系列连续的子句、句子或语段构成的语言整体单位。每个篇章不仅具有内部连贯性，而且篇章中的各级语言单位是描述同一问题或同一种情境的一个相对完整的语言整体。在一个篇章中，子句、句子或语段间具有一定的层次结构和语义关系，篇章结构分析旨在分析出其中的层次结构和语义关系，篇章结构分析结果对于提高自动文摘、知识抽取、自动问答等相关应用系统的性能均有重要作用。随着词法、句法分析技术的成熟，篇章结构分析成为制约自然语言处理的关键基础问题。

目前篇章结构分析研究主要面向英语，而面向汉语的研究相对落后。主要表现在：①适用于汉语的篇章结构分析理论还不完善；②符合汉语特点的大规模汉语篇章结构语料资源匮乏；③由于汉英语言上的差异性，适用于英语的篇章结构分析方法不能直接应用在汉语篇章结构分析研究中。

本书首先重点研究了汉语篇章结构的理论表示体系。借鉴英语修辞结构理论（Rhetorical Structure Theory，RST）和宾州篇章树库（Penn Discourse Treebank，PDTB）体系的优点，参考汉语复句和句群的研究成果，结合汉语本身特点，本书提出一种基于连接依存树（Connective-driven Dependency Tree, CDT）的汉语篇章结构表示体系，并根据汉语特点定义了其中的关键元素：子句（基本篇章单位）、连接词（connective）、篇章结构关系、篇章单位主次。连接依存树的主要特征是叶子节点为子句，内部节点为连接词，连接词通过其层级地位（管辖范围）表示篇章结构的层次，通过其语义（具体与抽象）表示篇章关系，连接词所连接的篇章单位根据篇章整体意图来区分主次。与修辞结构理论、宾州篇章树库体系的理论加以对比后显示，本书所提出的基于连接依存树的汉语篇章结构表示体系在理论上具有一定的优越性，并且符合汉语特点。基于连接依存树的汉语篇章结构表示体系是进一步开展篇章结构语料库构建的理论基础。

其次，本书在此基础上进行了汉语篇章结构语料库（Chinese Discourse Treebank，CDTB）构建研究。基于连接依存树表示体系，本书采用自顶向下的标注策略和人机结合的语料库标注方式，构建了CDTB。CDTB 目前包含来自汉语树库（Chinese Treebank）的 500 个文档，本书对其进行了分析并展示了语料库的标注情况。标注一致性测试表明语料质量较好，统计数据表明所标资源达到一定规模。CDTB 可以为汉语篇章结构分析研究提供资源支持。

再次，本书搭建了基于连接依存树的汉语篇章结构分析平台。该平台包括子句识别、篇章结构树构建、篇章关系识别、篇章单位主次识别任务，实验结果验证了本书提出的基于连接依存树表示体系的合理性和所标注的 CDTB 的可用性。

最后，本书介绍了汉英篇章结构分析的研究进展。本部分主要从汉英篇章结构对齐标注和汉英篇章结构对齐评估两个方面展开，在“结构对齐、关系对齐”的标注策略指导下，采用人机结合的方式进行汉英篇章结构的对齐标注实验，提出了对齐标注的评估方法，并进行了实验结果分析。实验结果表明汉英篇章结构的对齐标注具有可行性。

本书基于笔者博士阶段的研究成果修改而成。

本书的组织结构如下。

第 1 章，绪论。该章首先介绍了本书的研究背景和研究意义，然后对中英文篇章结构分析的理论研究、资源建设和计算模型的国内外研究现状进行介绍，指出了目前存在的问题和不足，最后给出了本书的研究内容。

第 2 章研究汉语篇章结构的表示体系。参考 RST 和 PDTB 体系，本书提出了基于连接依存树的汉语篇章结构表示体系，并详细地介绍了连接依存树表示体系的几个关键元素——子句、连接词、篇章结构关系、篇章单位主次的区分及判定方法。本章最后将本书所提出的基于连接依存树的篇章结构表示体系和相关理论进行对比。

第 3 章介绍基于连接依存树表示体系的 CDTB 构建。该章首先介绍了语料库建设的一般情况，提出了 CDTB 标注采用自顶向下的语料库标注策略和人机结合的语料库标注方法，给出了具体的标注流程和语料格式，然后进行了语料标注一致性实验，最后对 CDTB 语料标注情况进行了详细的统计分析。

第 4 章介绍基于 CDTB 的汉语篇章结构分析。该章首先根据语料标注结果和相关研究成果给出汉语篇章结构分析平台基本框架，然后介绍实验所用的特征和具体的实验设置，最后分别对基于标点的子句识别、连接词识别与分类、隐式篇章关系识别、篇章单位主次识别和基于连接依存树的汉语篇章结构平台性能进行实验和详细分析。

第 5 章介绍汉英篇章结构分析研究进展。该章介绍了将本书标注方法扩展到汉英双语篇章并进行标注的结果，还介绍了汉英篇章结构资源的标注方法及标注实践，给出了汉英篇章结构资源的标注结果及分析。

最后一章为结束语，总结全书。

本书写作过程中，参阅并引用了大量的文献，在此向这些文献的作者表示衷心的感谢，作者在书中以参考文献的形式作了注释，若有遗漏，敬请见谅。

本书在编写过程中得到了冯文贺、来纯晓的帮助，科学出版社的编辑为本书的出版付出了辛勤劳动，在此表示诚挚的谢意！

由于作者水平有限，书中难免有不足之处，敬请专家、同行和广大读者指正。

李艳翠

2019 年 8 月于新乡

目　　录

第 1 章

绪　论

1.1 引　言

自然语言的单位由小到大可以分为字、词、短语、句子和段落，最后形成篇章（discourse），篇章有时也称语篇或话语。在篇章结构分析中，篇章指一系列连续的子句、句子或语段构成的语言整体单位。篇章不是语言成分的无序堆砌，每个篇章不仅具有内部连贯性，而且篇章中的各级单位都是描述同一个问题或同一种情境的一个相对完整的语言整体。也就是说，虽然在形式上篇章由句子序列构成，但句子序列并不一定能构成篇章。如例 1.1 中，虽然单个句子都是正确的，句法上单个句子也是完整的，但是这些句子顺次组合在一起并没有形成篇章；因为例 1.1 中的句子在意义上不关联，没有表达明确的主题，所以无法形成一个整体。与此相比，例 1.2 中，虽然有的分句并不完整（用【 】表示缺省成分，也称零指代），但分句前后关联，主题清晰，整体上围绕“张三”展开，构成了一个篇章。例 1.2 中的字母表示基本篇章单位，“|”的数量的不同区分篇章单位间不同的组合层次。

例 1.1　比尔来自于美国。今天交通非常拥挤。长江贯穿中国的多个省市。因此，自然语言处理是计算机科学与语言学的融合。

例 1.2　a 张三才 30 出头，||b【 】<而且>既没有什么学历，|||c【 】又没有多少新的工作经验。|d 但是【 】不论干什么，|||e 他都非常认真，||f 所以，领导总是把一些重要的任务交给他。

一个篇章中，子句、句子或语段间具有一定的层次结构和语义关系，只有分析出其中的层次结构及语义关系，才能对篇章有一个总体把握。篇章结构分析的目的是分析出篇章的层次结构及语义关系，它是自然语言处理的一个核心问题，也是近几年的一个研究热点和难点。图 1.1 给出了一个篇章（例 1.2）的层次化结构实例。

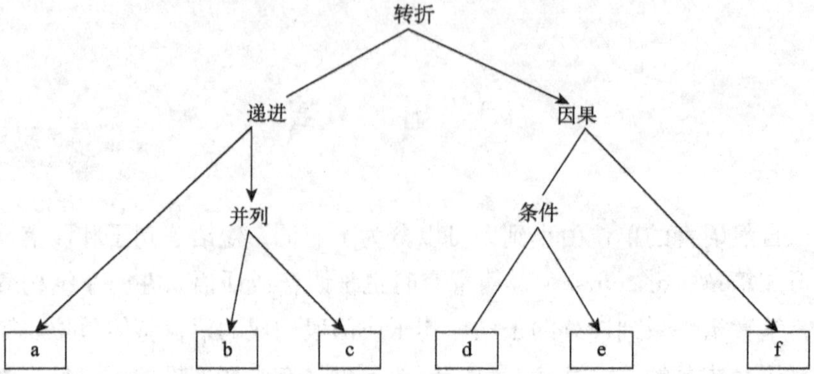

图 1.1　例 1.2 的篇章层次化结构实例

图 1.1 中箭头所指向的内容为主要篇章单位（中心）。其中 b 和 c 之间是并列关系，b 和 c 都是中心，bc 组合和 a 是递进关系，abc 组合和 def 组合是转折关系，def 组合为中心。各基本篇章单位组合后形成高一级篇章单位，进而通过再组合形成更高一级篇章单位，如此逐层组合，最终可以形成一棵篇章结构树①。各层篇章单位赖以组合的原因在于其间存在一些为数不多的、反复出现的结构关系（如并列、递进等），这些结构关系有时有连接成分作为形式标记（如例 1.2 中的“既……又……”），有时则完全隐含（如例 1.2 中的“而且”）。

篇章结构分析结果有利于理解篇章，同时对自然语言处理应用也非常重要。例如，对于自动问答，利用如图 1.1 中的因果关系能够抽取出问答系统的问题和答案，“领导总是把一些重要的任务交给他”的原因

① 篇章单位之间可能会出现交叉的情况，不过这种情况不多，可以参照依存句法分析的方法予以合理解决。

是“不论干什么，他都非常认真”。对于自动摘要，根据篇章结构分析的结果，箭头所指向内容为中心，def组合比abc组合重要，所以若抽取部分篇章内容，根据重要程度不难得到 def 组合；若只抽取一个基本篇章单位，则根据中心指向可以得到 f。

自然语言处理研究尽管已经经历了几十年的发展历程，但一般重点通常聚焦在句法和词法层面上，对篇章内在规律的研究相对较少，缺乏对篇章结构进行分析的理论和计算方法，从而严重制约了基于篇章的相关应用。可以说，目前的篇章结构分析研究，无论在理论上还是在实践上都处于起始阶段。尤其对于汉语的篇章结构分析研究，还没有建立起与之相适应的理论体系和计算方法，基础资源十分匮乏。

鉴于此，本书中的汉语篇章结构研究具有非常重要的理论意义和应用价值。理论上，本书提出了基于连接依存树的汉语篇章结构表示体系，有助于推动汉语篇章结构分析的理论体系研究，丰富和发展语言学理论；资源上，本书构建了基于连接依存树表示体系的汉语篇章结构标注语料库，可为汉语篇章结构分析及其他相关研究提供基础数据；计算分析上，本书给出了汉语篇章结构分析平台，并给出了相应的子句识别、连接词识别、篇章关系识别、篇章主次识别和篇章结构树构建的基本方法，为后续汉语篇章结构分析研究提供参考；应用上，本书中的汉语篇章结构分析结果将有助于提高自动文摘、知识抽取、问答系统等相关应用的性能，从而推进自然语言处理基础研究和应用研究的开展。

1.2 国内外研究现状

篇章分析是自然语言处理的一个核心问题。早在 20 世纪 70 年代，语言学家和认知科学家就对这个问题开展了研究。Schank 和 Abelson（1979）首先提出了著名的概念依存（concept dependency）理论，并在此基础上提出了脚本（script）方法，对特定的“故事”进行理解。

目前备受关注的信息抽取研究就是采取类似的思想，只是简化了抽取的内容。当然，脚本方法过于依赖领域：当场景发生变化时，需要构建新的脚本。此外，很多篇章很难用特定的场景来描述，这在很大程度上限制了脚本方法的推广使用。

篇章分析需要对更加通用和开放的表达形式进行处理。这就需要充分挖掘篇章的一般知识，明确篇章的基本特征。de Beaugrande 和 Dressler（1981）认为篇章具有衔接性（cohesion）、连贯性（coherence）、意图性（intentionality）、可接受性（acceptability）、信息性（informativity）、情景性（situationality）和跨篇章性（intertextuality）这七个基本特征。其中，衔接性、连贯性、意图性和信息性这四个基本特征对自然语言处理产生了深远的影响（Renkema，1993；Halliday & Hasan，1976；Hobbs，1979，1993；Mann & Thompson，1988；Grosz & Sidner，1986；Grosz，Weinstein & Joshi，1995)。衔接性和连贯性常常以表层形式体现，为篇章分析提供了“形式标记”。与此相比，信息性和意图性属于篇章语义层面上的特征，隐藏在篇章更深的层次上，通常可以融合在连贯性中加以考虑。信息性强调文本的内容，是作者期望向读者传达的（新）信息；而意图性则是作者写作的意图，期望通过传达信息对读者形成某种影响。

无论是西方语言还是汉语，篇章的衔接性和连贯性都是最需要关注的两个问题，是篇章的两个最基本特征。de Beaugrande 和 Dressler（1981）认为，衔接指的是形式联系，是表层篇章成分之间有顺序的相互联系的方法，主要表现为整个篇章范围内词汇（或短语）之间的关联，其中表层篇章其实就是人们所见到和听到的实际词语。与衔接不同，连贯指的是功能联系，主要通过句子（或句群）之间的语义关联来表示篇章的关联。从这个意义上看，连贯是一种内部连接，正是有了内部连接，才使得篇章具有整体性。本质上，衔接性和连贯性分别从内容和表达两个方面保证了篇章的正确性和可理解性，二者相互依赖，相互补充。

由于英语篇章结构分析研究起步较早，研究成果较多，本书所述主要是针对语法结构较强的书面语。下面首先从理论研究、资源建设、计算模型三方面分述英语篇章结构分析的研究现状，然后介绍汉语篇章结构分析的相关研究情况。

1.2.1 英语篇章结构分析的理论研究

英语篇章结构分析的理论研究比较多，本书总结并给出比较重要且已加以实际应用的相关理论，从而为汉语篇章结构分析提供参考。相关理论主要包括 Hobbs 模型（Hobbs，1979，1993）、RST（Mann & Thompson，1986，1988）、PDTB 体系（Prasad et al.，2008；The PDTB Research Group，2007）等。

1. 浅层的衔接关系

在语言学研究中，Halliday 和 Hasan（1976）最早将衔接的各种修辞手段作为一种专门的语言现象进行系统的分析和详尽的研究。他们合著的 *Cohesion in English* 标志着衔接理论的创立，是语言学理论创建的有益探索。衔接是一个语义概念，它是指篇章中语言成分之间的语义联系，或者说是篇章中一个成分与另一个可以与之相互解释的成分之间的关系。当篇章中一个成分的含义依赖于另一个成分的解释时，便产生了衔接关系。作者提出了衔接手段的分类：语法衔接（grammatical cohesion），包括照应（reference）、替代（substitution）、省略（ellipsis）和连接（conjunction）；词汇衔接（lexical cohesion），包括重复（repetition）、同义/反义（synonymy/antonymy）、上下义/局部-整体关系（hyponymy/meronymy）和搭配（collocation）。即连接是运用连接成分体现篇章不同成分之间具有何种逻辑关系的手段。作者将句子作为篇章连接的基本单位，初步将连接成分划分为四种类型，即加合（additive）、转折（contrastive）、因果（causal）和时间（temperal）。Martin（1992）研究连接关系，他认为连接关系存在于子句（不仅仅是句子）之间，并给出了隐式关系的概念，即子句可以插入连接词。隐式关系在之后的 PDTB 标注中被广泛采用。Grimes（1975）考虑非词汇化的命题关系，除了给出更详细的连贯关系类别，他还介绍了被 RST 理论所采用的并列（paratactic）关系和主从（hypotactic）关系，其中，并列关系即关系的论元同等重要，主从关系即关系的论元有主次之分。

2. Hobbs 模型

在 Hobbs 模型（Hobbs，1979，1993）中，篇章结构由篇章单位（discourse unit）和连贯关系（coherence relation）构成。其中，篇章单位可以小到子句，大到篇章本身；连贯关系是两个篇章单位之间的语义关联性，包括 12 种关系类型，如原因（cause）、背景（background）、细化（elaboration）等。设 S_0 和 S_1 为两个相关的句子，部分篇章关系定义如下：结果关系（result），推测 S_0 所声明的状态或事件（可能）导致 S_1 所声明的状态或事件；解释关系（explanation），推测 S_1 所声明的状态或事件（可能）导致 S_0 所声明的状态或事件；并列关系（parallel），推测 S_0 所声明的 P（a1，a2，…）与 S_1 所声明的 P（b1，b2，…）是类似的；细化关系（elaboration），推测 S_1 和 S_0 所声明的是同一命题 P；时机关系（occasion），推测由 S_0 所声明的状态到 S_1 的最终状态的变化，或者由 S_1 所声明的状态到 S_0 的最初状态的变化。

Hobbs 提出的连贯关系及语义表示对其他研究者有较大的影响，如 PDTB 体系（The PDTB Research Group，2007）就借鉴了 Hobbs 模型的成果。

3. 修辞结构理论

修辞结构理论（RST）是美国学者 Mann 和 Thompson（1986，1987a，1988）在系统功能理论的框架下创立的篇章生成和分析的理论。“RST 旨在描述那些使篇章成为人类交际有效的和能理解的工具的功能和结构”（徐赳赳、Webster，1999：17）。

RST 认为篇章各小句不是杂乱无章地堆放在一起的，而是之间存在各种各样的修辞关系，它共定义了 20 多种修辞关系。每种修辞关系的定义包括限制条件（constraints）和效果（effect）两个部分：限制条件包括核心结构段限制条件、辅助结构段限制条件及这两种结构段联合限制条件；效果指对作者使用某一关系所达到的效果及效果轨迹的说明。每种修辞关系可以连接两个或多个篇章单位。通常修辞关系连接的单位存在主次之分，其中表示主要信息的单位被称作“核心”（nucleus），表示次要信息的单位被称作“卫星”（satellite），这类关系也被称为“单核心”关系。此外，也有一些修辞关系连接的单位无主次之分，如对比关系（contrast）和序列关系（sequence），这类关系被称为“多核心”关系。图 1.2 给出了 RST 中证据关系的定义，例 1.3 给出了一个证据关系的实例。

关系名称：证据关系
核心限制条件：无
卫星限制条件：无
核心–卫星限制条件：对卫星的理解导致对核心相信程度的增加
效果：读者对核心的可信程度增加
效果轨迹：核心

图 1.2 RST 中证据关系的定义

例 1.3 e_1 The next music day is scheduled for July 21 (Saturday), moon-midnight.

e_2 I'll post more details later,

e_3 but this is a good time to reserve the place on your calendar.

图 1.3 给出了例 1.3 的 RST 结构图示，最上面的 e_1-e_3 表示结构段范围，横线下面的 e_1、e_2 和 e_3 代表结构段，弧线代表结构段之间的关系，在核心–卫星关系中，箭头指向核心结构段，而在非核关系中，弧线不带箭头。

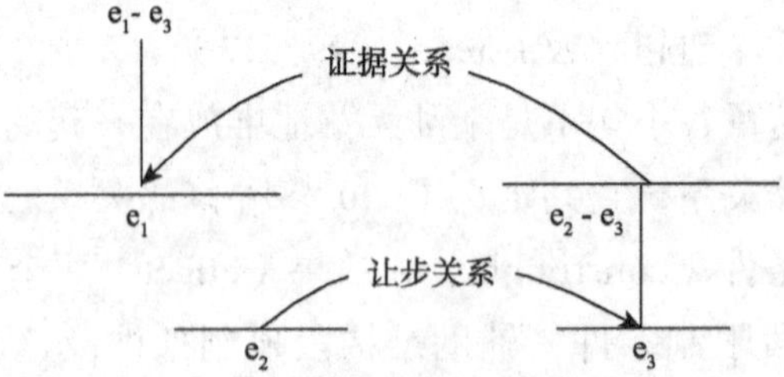

图 1.3　例 1.3 的 RST 结构图示

修辞关系具有相对开放性的特点，这些关系是 RST 的核心，也是篇章连贯的重要标志。图 1.4 给出了 RST 中定义的篇章关系类型，在单核关系中，证明关系、背景关系、条件关系等核心段在后面，详述关系、目的关系、重述关系等核心段在前面，对比关系和序列关系等是多核心关系。

Circumstance（环境关系）	Antithesis and concession（对照和让步关系）
Solutionhood（解答关系）	Antithesis（对照关系）
Elaboration（详述关系）	Concession（让步关系）
Background（背景关系）	Condition and Otherwise（条件和析取关系）
Enablement and Motivation（使能和动机关系）	Condition（条件关系）
Enablement（使能关系）	Otherwise（析取关系）
Motivation（动机关系）	Interpretation and Evaluation（解释和评价关系）
Evidence and Justify（证据和证明关系）	Interpretation（解释关系）
Evidence（证据关系）	Evaluation（评价关系）
Justify（证明关系）	Restatement and Summary（重述和综述关系）
Relation of Cause（原因关系）	Restatement（重述关系）
Volitional Cause（意愿性原因关系）	Summary（综述关系）
Non-Volitional Cause（非意愿性原因关系）	Other Relation（其他关系）
Volitional Result（意愿性结果关系）	Contrast（对比关系）
Non-Volitional Result（非意愿性结果关系）	Sequence（序列关系）
Purpose（目的关系）	

图 1.4　RST 中的修辞关系

在 RST 中，当两个以上的篇章单位形成修辞关系时，就构成了一种“树”结构——修辞结构树。篇章单位之间因存在某种修辞关系而可以组合形成一个大的篇章单位，与相邻的篇章单位再构成更高层的修辞关系，继而得到所谓的层次化篇章结构树。每个篇章的层次多少是不固定的，层次的多少由篇章中句子之间语义关系的复杂程度决定。通常情况下，语义关系越复杂，层次就越多。由于修辞关系含有特定语义，篇章结构关系也就表达了篇章内部的语义关系。

值得指出的是，相比于 Hobbs 模型，RST 更关注篇章的整体性和连贯性，注重句子内部的篇章结构，篇章单位可以小到短语。RST 在篇章计算模型方面较受关注，它不仅作为篇章分析模型使用，也常常作为篇章生成模型使用（Soricut & Marcu，2003；Skadhauge & Hardt，2005）。

4. 宾州篇章树库体系

Marcu（1997，2000）在 RST 的基础上，对篇章结构关系问题进行了系统研究，为 The PDTB Research Group（2007）构建 PDTB 提供了理论基础。相较 RST，PDTB 体系借鉴了谓词–论元表示形式，凸显了连接词的作用，其以连接词（谓词）为核心，标注与之相关的篇章单位（论元）；PDTB 体系的篇章单位也与 RST 的略有不同，即其不再考虑以短语级的语言单位作为篇章单位；PDTB 体系并不刻意构建篇章层次，但可以从相邻的篇章关系论元位置推导出部分篇章结构。PDTB 体系将篇章连接关系的两个论元简单地记为 Arg_1 和 Arg_2。Arg_2 指出现在从句中并和连接词在句法上相邻的论元，Arg_1 是另外一个论元。下面例子中，Arg_1 用斜体表示，Arg_2 用粗体表示，连接词用下划线来标示。PDTB 体系中的篇章连接关系包括以下几种。

（1）显式关系（explicit），论元之间有明确的连接词，如例 1.4。

例 1.4 The *city's Campaign Finance Board has refused to pay Mr. Dinkins $95,142 in matching funds* <u>because</u> **his campaign records are incomplete**. （Contingency.Cause.Reason）

（wsj_0041）

（2）隐式关系（implicit），在论元之间没有明确的连接词，但篇章关系是可以推断出来的，且可以插入一个连接词，句子仍然通顺。比如，例 1.5 中可以插入连接词“however”。

例 1.5 *The city's Campaign Finance Board has refused to pay Mr. Dinkins $95,142 in matching funds because his campaign records are incomplete.* <u>Implicit = however</u> **The campaign has blamed these reporting problems on computer errors.** （Comparison. Contrast）

（wsj_0041）

（3）替代关系（AltLex），篇章关系是可以推断的，但插入连接词会显得冗余，如例 1.6。

例 1.6 *After trading at an average discount of more than 20% in late 1987 and part of last year, country funds currently trade at an average premium of 6%.* <u>AltLex</u> [The reason:] **Share prices of many of these funds this year have climbed much more sharply than the foreign stocks they hold.**

（wsj_0034）

（4）实体关系（EntRel），论元之间没有篇章关系，Arg_2 只是用于对 Arg_1 中的某个实体提供进一步的描述，如例 1.7。

例 1.7 *Pierre Vinken will join the board as a nonexecutive director Nov. 29.* <u>EntRel</u> **Mr. Vinken is chairman of Elsevier N.V., the Dutch publishing group.**

（wsj_0001）

（5）无关系（NoRel），Arg_1 和 Arg_2 之间没有篇章关系，如例 1.8。

例 1.8 *Mr. Rapanelli met in August with U.S. Assistant Treasury Secretary David Mulford.* <u>NoRel</u> **Argentine negotiator Carlos Carballo was in Washington and New York this week to meet with banks.**

（wsj_0021）

PDTB 体系对每个显式和隐式关系都标注了篇章语义关系，语义关系基本沿用 RST 定义的 25 类篇章修辞关系，所不同的是 PDTB 体系的语义信息采用层次化的方法来组织，分别是类别、类型和子类。PDTB 体系篇章语义关系层次如图 1.5 所示。最顶层的类别代表主要的语义类别，分为四类：temporal、contingency、comparison 和 expansion。对每一个类别，一系列的类型被定义出来细化该类别，第二层有 16 类。第三层的子类用来指定论元的语义贡献，第三层有 23 类（部分关系只到第二层），如例 1.4 为“Contingency.Cause.Reason”三层关系，例 1.5 为“Comparison.Contrast”二层关系。

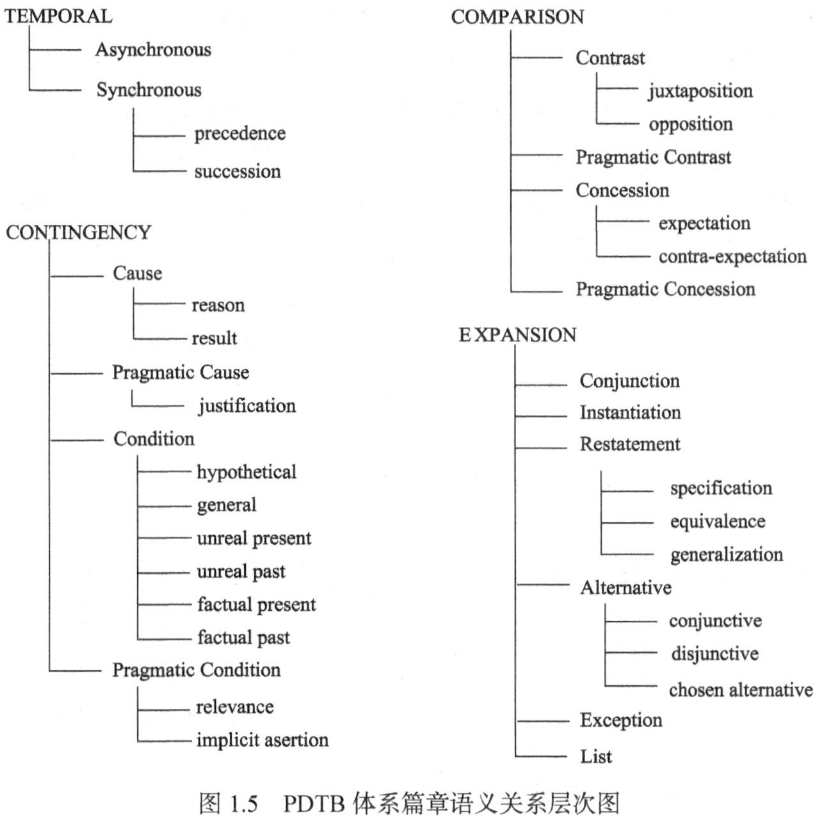

图 1.5　PDTB 体系篇章语义关系层次图

5. 其他相关理论

除以上篇章结构理论外，还有其他英语篇章结构理论。Grosz 和 Sidner（1986）认为，篇章是具有意图的（因为人们写作本身就有某种意图）。因此，篇章结构理论不应只考虑篇章的内容，还应解释其中的意图。为此，她们提出了意图结构（intentional structure）作为篇章结构理论的基础。意图结构与 RST 存在共同的基础。Moser 和 Moore（1997）认为，意图结构中的支配（dominance）和 RST 中的核（nuclerity）相对应。除此之外，Asher 和 Lascarides（2003）和 Lascarides 和 Asher（2007）扩展了 Hobbs 模型中的篇章关系。Scha 和 Polanyi（1988）采取句法分析思想，为篇章结构提供了分析模型。Gardent（1997）提出一种基于特征的篇章树邻近文法（feature-based discourse tree adjoin grammar）。基于此，Forbes 等（2003）又提出一种词汇化的篇章树邻近文法（lexicalized discourse tree adjoin grammar）。Wolf 和 Gibson（2004）研究表明基于树结构的篇章语料库在描述篇章结构时存在一些局限，不能有效表达子句间可能存在多种篇章关系情形。因此，他们提出将篇章表示为一个链图，图中的弧可以是有向的，也可以是无向的，它们的语义关系大致遵循 Hobbs 的语义关系。

1.2.2 英语篇章结构分析的资源建设

现有资源主要包括修辞结构理论篇章树库（Rhetorical Structure Theory Discourse Treebank，RSTDT）（Carlson，Marcu & Okurowski，2003；Carlson，Okurowski & Marcu，2002）和宾州篇章树库（PDTB）（Prasad et al.，2008）等。下面对这主要的两种资源标注情况进行详细阐述。

1. 修辞结构理论篇章树库

以RST为支撑，Carlson、Marcu和Okurowski（2003）构建了RSTDT。

RSTDT 所标注的 385 篇《华尔街日报》文章皆取自宾州树库，篇幅长度不等，从 31 个词到 2124 个词，总词数达到 176 000 个，平均每篇文章 458 个词。文章的内容涉及各种话题，如财政报道、商业新闻、文化点评、编者按、读者来信等。

篇章结构分析的首要任务是确定基本篇章单位（elementary discourse unit，EDU）。在具体标注时，研究者对基本篇章单位的规定如下：充当主语或宾语的从句不属于基本篇章单位；充当主要动词补语的从句不属于基本篇章单位；所有在词汇或句法标记中起状语作用的从句都属于基本篇章单位，包括起状语作用的非谓语动词词组；定语从句、后置的名词修饰短语或将其他基本篇章单位割裂开的从句或非谓语动词短语为基本篇章单位；将有明显篇章标记的短语作为基本篇章单位，如因为（because）、尽管（in spite of）、根据（according to）等引导的短语是基本篇章单位。

基本篇章单位确定下来后，剩下的工作就是根据 RST 确定基本篇章单位之间的关系，进而生成有层次的篇章结构树。篇章关系可能是单核心关系或多核心关系。Mann 和 Thompson（1986）提出 RST 时只给出 20 多种修辞关系，但他们明确指出这是一个开放关系集，这意味着读者可以在给定话语的内部定义出其他的关系类型。RSTDT 中标注了 53 种单核心关系和 25 种多核心关系，78 种关系又分成 16 个组别，每组都具有相同的修辞功能，如原因、比较、对比、条件等。RSTDT 中的部分关系及中心情况如表 1.1 所示。

表 1.1　RSTDT 中的部分关系及中心情况

类型	单核心（卫星）	单核心（核心）	多核心
Background	Background, Circumstance		
Cause	Consequence	Cause, Consequence	Cause-result, Consequence
Comparison	Comparison, Preference, Analogy		Comparison, Analogy, Proportion
Condition	Condition, Hypothetical, Contingency, Otherwise		Otherwise

续表

类型	单核心（卫星）	单核心（核心）	多核心
Explanation	Evidence, Explanation-argumentative, Reason		Reason
Joint			List, Disjunction
Summary	Summary, Restatement	Summary	
Temporal		Temporal-before, Temporal-after, Temporal-same-time	Sequence, Inverted sequence

为了制定高质量的前后一致的标注标准和方法，研究者采用人工标注的方法。他们所选的标注者都是有过标注经历的、从事篇章分析和新闻报道的专业人员。在正式标注前，标注者接受了篇章结构标注培训。在整个语料库的建设过程中，研究者一直设法保证标注者之间内部的一致性。例 1.9 的 RSTDT 标注保存形式如图 1.6 所示，例 1.9 中有 3 个基本篇章单位（例中分别用数字标示），其中 2 和 3 是 elaboration-additional，2 是核心。

例 1.9　**1** Spencer J. Volk, president and chief operating officer of this consumer and industrial products company, was elected a director. **2** Mr. Volk, 55 years old, succeeds Duncan Dwight, **3** who retired in September.

（wsj_0600）

```
( Root (span 1 3) (prom 1)
    ( Nucleus (leaf 1) (rel2par span) (prom 1) (text   Spencer J. Volk, president and chief operating officer of this consumer and industrial products company, was elected a director.) )
    ( Satellite (span 2 3) (rel2par elaboration-additional) (prom 2)
      ( Nucleus (leaf 2) (rel2par span) (prom 2) (text   Mr. Volk, 55 years old, succeeds Duncan Dwight,) )
      ( Satellite (leaf 3) (rel2par elaboration-additional-e) (prom 3) (text   who retired in September.) )
    )
)
```

图 1.6　例 1.9 在 RSTDT 中的保存结果

2. 宾州篇章树库

宾州篇章树库（PDTB）是一个在宾夕法尼亚大学进行研究的美国自然基金资助项目。该项目的目标是开发一个标注有篇章结构信息的大规模语料库，主要标注与篇章连接词（discourse connectives）相关的连贯性关系（coherence relation）。标注信息主要包括连接词的论元结构、语义区分信息，以及连接词和论元的属性等相关特征。该项目标注了100万字的Treebank-2语料库[①]中所提供的篇章关系，目前的版本是PDTB2.0[②]（The PDTB Research Group，2007）。PDTB2.0标注了以下几种论元结构关系：显式关系、隐式关系、替代关系、实体关系、无关系。除了论元结构关系，PDTB2.0中显式关系、隐式关系、替代关系都标有语义类别信息和属性信息。虽然篇章可以从多个方面进行描述，但PDTB2.0专注于描述篇章关系。PDTB2.0的标注遵从词汇化方法，采用与理论无关的做法，目的是让语料在不同的理论框架内使用。

PDTB2.0基于《华尔街日报》，共标注了2304个文档，约1 000 000词，其中以新闻为主。PDTB2.0在2008年2月发布使用。PDTB2.0总共有25个部分，建议使用第2~21部分做训练集，第22部分作为开发集，第23部分作为测试集。第0、1、24部分如果需要的话可以作为附加的开发集。PDTB2.0中共标注了40 600个关系，其中18 439个显式篇章关系，16 224个隐式篇章关系，624个由非连接词表示的篇章关系，5210个通过实体重复或共指表示的关系，还有254个相邻句子不存在所定义的关系。表1.2给出了每种关系的具体分布情况。

表1.2 PDTB2.0标注的各种关系分布情况

部分	显式关系	隐式关系	替代关系	实体关系	无关系	合计
Sec.00	712	592	19	218	30	1571
Sec.01	750	591	20	271	3	1635

① https://catalog.ldc.upenn.edu/LDC95T7.

② https://catalog.ldc.upenn.edu/LDC2008T05.

续表

部分	显式关系	隐式关系	替代关系	实体关系	无关系	合计
Sec.02	713	708	28	200	8	1657
Sec.03	529	446	13	166	2	1156
Sec.04	822	747	27	238	5	1839
Sec.05	816	780	29	148	15	1788
Sec.06	653	571	14	143	13	1394
Sec.07	804	676	24	302	5	1811
Sec.08	176	161	2	56	8	403
Sec.09	786	720	13	193	31	1743
Sec.10	720	613	5	185	15	1538
Sec.11	780	839	35	208	16	1878
Sec.12	800	726	35	180	16	1757
Sec.13	941	863	32	250	8	2094
Sec.14	734	731	31	244	13	1753
Sec.15	868	703	40	201	5	1817
Sec.16	1092	993	61	243	5	2394
Sec.17	614	487	22	201	6	1330
Sec.18	898	722	32	265	7	1924
Sec.19	647	519	34	250	7	1457
Sec.20	724	627	20	257	14	1642
Sec.21	605	524	27	203	5	1364
Sec.22	680	522	19	215	8	1444
Sec.23	923	769	30	217	4	1943
Sec.24	672	423	12	156	5	1268
总计	18 459	16 053	624	5210	254	40 600

PDTB2.0 对显式关系、隐式关系和替代关系都标注了篇章语义关系类别信息，具体篇章语义关系类别见图 1.5。与动词类似，篇章连接词同样具有不止一个语义，具体语义依赖于篇章上下文和论元的内容。例如，since 有三种语义，可以纯粹表示时间，可以纯粹表示原因，还可以同时表示原因和时间。since 的三种语义分别如例 1.10 中 A、B 和 C 所示。

例 1.10 （A）John Warnock, Adobe's chief executive officer, the Mountain View, Calif., company has been receiving 1,000 calls a day about the product **since** it was demonstrated at a computer publishing conference several weeks ago.

（wsj_2365）

（B）It was a far safer deal for lenders **since** NWA had a healthier cash flow and more collateral on hand.

（wsj_2295）

（C）Domestic car sales have plunged 19% **since** the Big Three ended many of their programs Sept. 30.

（wsj_0818）

语义标注的目标主要是区分连接词到底是哪种语义，根据语义可知连接词所连接的论元之间的语义关系，当论元之间有两个以上语义关系时，多种语义关系均被标注。

PDTB2.0 对每种关系都存储了关系类别、关系的位置、连接词、语义类别关系、论元内容及位置、文本内容等信息。例 1.4 在语料中的保存结果如图 1.7 所示。保存信息首先以“___”标示，如“____Explicit____”和“____Arg1____”，然后给出相应信息的位置信息，用位置和 Gorn addresses 两种形式表示，“#### Text ####”后标示文本内容，“#### Features ####”后给出相应的特征标注，显式关系、隐式关系和替代关系根据图 1.5 给出的 PDTB 体系篇章语义类别具体标注。

```
____Explicit____
3317..3324
29,1,1,2,0
#### Text ####
because
##############
#### Features ####
Wr, Comm, Null, Null
because, Contingency.Cause.Reason
____Arg1____
3226..3316
29,0;29,1,0;29,1,1,0;29,1,1,1;29,2
#### Text ####
The city's Campaign Finance Board has refused to pay Mr. Dinkins $95,142 in matching funds
##############
#### Features ####
Inh, Null, Null, Null
____Arg2____
3325..3360
29,1,1,2,1
#### Text ####
his campaign records are incomplete
##############
#### Features ####
Inh, Null, Null, Null
```

图 1.7　例 1.4 的显式关系保存实例

1.2.3　英语篇章结构分析的计算模型

相关计算模型通常基于特定的资源开展，下面首先介绍常用的评测方法，然后介绍基于 RSTDT 和 PDTB 的研究。

篇章结构分析评测主要考虑算法的正确率（accuracy）和 *F* 值两个性能指标。其中，正确率采用公式（1.1）进行度量。公式（1.1）中 *TruePositive* 代表本来是正样例，同时被分类成正样例的个数；*TrueNegative* 代表本来是负样例，同时被分类成负样例的个数；*All* 代表需要分类的实例总个数。

$$\text{Accuracy} = \frac{TruePositive + TrueNegative}{ALL}$$ 公式（1.1）

F 值由准确率（precision）和召回率（recall）共同体现。召回率是结果中正确的对象数目占总对象数目的百分比，它反映的是系统的完备性。准确率是结果中正确的对象数目占实际对象数目的百分比，它反映了系统的准确程度。准确率和召回率有时候会出现不一致的情况，这样就需要对他们进行综合考虑，通常采用这两个指标的综合值——F 值，准确率、召回率和 F 值公式如下：

$$\text{Precision} = \frac{TruePositive}{TruePositive + FalsePositive}$$ 公式（1.2）

$$\text{Recall} = \frac{TruePositive}{TruePositive + FalseNegative}$$ 公式（1.3）

$$F = \frac{(\beta + 1)P \times R}{P + R}$$ 公式（1.4）

公式（1.2）和（1.3）中，*FalsePositive* 代表本来是负例，但被分类成正例的个数（通常叫误报）；*FalseNegative* 代表本来是正例，但被分类成负例的个数（通常叫漏报）。公式（1.4）中，β 为召回率和准确率的相对权重，一般取 1，此时准确率和召回率的综合值为 F_1。

1. 基于 RSTDT 的研究

在 RSTDT 上进行的篇章结构分析研究一般可分为 EDU 识别和篇章结构生成两步。

关于 EDU 的自动识别研究较多，结果也比较理想。其中比较有代表性的研究有以下几个：Soricut 和 Marcu（2003）采用了基于统计的方法进行识别，EDU 识别在自动句法树上获得 F_1 值 83.1%，在标准句法树上 F_1 值为 84.7%。Hernault、Bollegala 和 Ishizuka（2010b）给出了一个基于序列数据标注的篇章分割模型，使用词汇和句法特征，采用条件随机场（Conditional Random Fields，CRF），实验表明作者的序列篇章分割模型 F_1 值达到 94%，接近人工篇章分割的 F_1 值 98%。由上可知，目前 RSTDT 上 EDU 识别准确率较高，进一步提升的空间不大。

在篇章结构生成方面，结果则不理想。Soricut 和 Marcu（2003）利用语法和词法信息进行句子级的篇章结构分析，他们的篇章结构分析器称为 SPADE（Sentence-level Parsing for DiscoursE）[①]，在篇章关系识别时采用概率模型计算各种篇章关系的概率。篇章结构分析模型采用全自动的方法，识别无标注篇章关系的 F_1 值为 70.5%，采用标准的基本篇章单位和标准句法树的结果是 96.2%。但 SPADE 并不对整篇文本进行篇章关系识别，作者通过实验证明句法和篇章信息的关系，在识别时作者没有用到线索词。LeThanh、Abeysinghe 和 Huyck（2004）研究书面文本篇章结构生成，给出了一个书面文本自动篇章结构生成系统，系统分为两个层次：句子级的篇章结构分析和文本级的篇章结构分析。句子级的篇章结构分析使用句法和线索词来进行基本篇章单位识别和篇章结构生成。对于篇章级别，为降低篇章结构分析的搜索空间，笔者加入了文本相邻和文本组织限制。实验采用 RSTDT，结果表明降低搜索空间后 F_1 值为 70.1%，其缺点是计算量较大。Duverle 和 Prendinger（2009）提出了一个基于支持向量机（Support Vector Machine，SVM）的篇章结构分析器，作者采用统计机器学习的方法，使用了丰富的特征空间，给出的是整个文档的篇章结构树，不仅仅是句内结构树。作者并没有进行 EDU 识别，而是采用现成的工具进行 EDU 识别。Hernault 等（2010）在 RST 上实现了基于 SVM 的篇章结构分析器 HIgh-Level Discourse Analyzer（HILDA）。对篇章切分和关系识别使用 SVM 训练了分类器，采用贪婪的自底向上的方法构建篇章结构树，篇章结构树构建的时间复杂度取决于输入文本的长度。HILDA 可以对所有文本构建整棵篇章结构树，然而 SPADE 只能进行句内分析。HILDA 在树构建和篇章关系分析上的效果较好，结构识别 F_1 值为 72.3%，完整句法树识别 F_1 值为 44.3%。Feng 和 Hirst（2012）在 HILDA 的基础上进行了篇章结构树构建和关系识别，作者抽取了更丰富的特征，性能比 HILDA 有所提升，另外，作者还分析了句内、句间和综合情况下的篇章结构分析性能。

---

① https://www.isi.edu/licensed-sw/spade/.

Joty、Carenini 和 Ng（2012）给出了一种使用动态 CRF 进行句子级的篇章分析的方法，使用人工 EDU 切分结果识别 18 类关系的 F_1 值为 77.1%。Joty 等（2013）将篇章结构分析分为了句子级和篇章级，并采用 CRF 模型分别进行，然后采用两种方法将篇章级和句子级的模型融合进行篇章结构分析，得到的结果较 HILDA 有较大提高，结构识别的 F_1 值为 82.5%，关系识别的 F_1 值为 55.7%。由于 Joty、Carenini 和 Ng（2012）的时间复杂度较高，Feng 和 Hirst（2014）给出了一种线性时间的篇章结构分析方法，即利用两个 CRF 模型，采用加入约束和后编辑的自底向上方法构建篇章结构树，篇章分析速度比 Joty、Carenini 和 Ng（2012）的快，结构识别的 F_1 值为 85.7%，关系识别的 F_1 值为 58.2%。此外，Ji 和 Eisenstein（2014）参考 DeepLearning 做法，采用线性变换将表面特征转化成隐式空间进行基于移进规约的篇章级结构分析方法。可见，篇章结构分析中的整体结构树构建是目前 RSTDT 上的研究热点和难点。

2. 基于 PDTB 的研究

PDTB 的构建显著推动了篇章结构分析的研究，在篇章计算方面受到了极大的关注。目前的研究主要集中在论元识别和篇章关系识别上。

在论元识别方面，Wellner 和 Pustejovsky（2007）自动识别篇章中的论元，在标准句法树上获得 74.2%的正确率，在自动句法树上获得 64.6%的正确率。Elwell 和 Baldridge（2008）自动进行篇章连接词及论元识别，在 Wellner 和 Pustejovsky（2007）研究基础上，添加了形态学、句法、词汇、篇章模式等特征，在连接词识别、论元 Arg_1 和论元 Arg_2 识别方面都获得了较好的结果，在标准句法树上正确率分别达到 77.8%、82.0%和 93.7%，在自动句法树上正确率分别是 73.6%、80%和 90.2%。Wellner（2009）用序列模型和排序方法进行了篇章分析，在标准句法树上 Arg_1 识别的正确率是 80%，Arg_2 识别的正确率是 91%，在自动句法树上 Arg_1 识别的正确率是 62%，Arg_2 识别的正确率是 86%。上述作者在识别论元时均采用以论元中心代替整个论元的方法，这使得识别变得相对简单。Prasad、Joshi和Webber（2010）利用范围学习进行浅层篇章结构分析，重点识别 Arg_1，主要处理 Arg_1 和 Arg_2 在不同句子中的情况，识别的结果是包含 Arg_1 的句子。实验表明利用范围学习的 Arg_1 识别效果有较大的提升，正确率达到 86.3%。不过需要指出的是，作者识别的是包含论元的句子，并不是真正的论元。徐凡（2013）针对PDTB2.0 的篇章论元识别问题，分别从句内（篇章连接词与论元处于同一句）和句外（篇章连接词与论元不处于同一句）两种情况加以处理。对于句内情况，他提出了基于浅层语义分析和基于句法树裁减的两种方法。不同于现有的基于组块的方法。他提出的方法在识别篇章单元层面从单词过渡到组块级别，同时采用了句法树中更多的结构化信息。对于句外情况，他提出了一种轻量级基于规则的解决方案。实验结果表明，句内 Arg_1 精确匹配 F_1 值为 79.4%，Arg_2 精确匹配 F_1 值为 91.4%，Both 精确匹配 F_1 值为 74.9%；句外 Arg_1 精确匹配 F_1 值为 39.2%，Arg_2 精确匹配 F_1 值为 82.7%，Both 精确匹配 F_1 值为 34.2%；对于整体情况（句内和句间），Arg_1 精确匹配 F_1 值为 63.8%，Arg_2 精确匹配 F_1 值为 88.0%，Both 精确匹配 F_1 值为 59.1%。

在篇章关系识别方面，Dinesh 等（2005）针对 PDTB 中表示连接方式的某些词做了初步消歧研究。Pitler 等（2008）指出，在 PDTB 中隐式关系与显式关系大约各占一半。由于显式关系中连接词的存在且其歧义较少（大约只有 2%），因此比较容易识别。这使得隐式关系研究成为篇章结构关系分析成败的关键。基于此，Pitler、Louis 和 Nenkova（2009）深入研究了不同类型语言特征对隐式关系识别的贡献，实验发现情感倾向标志、动词类别、动词短语长度、情态动词、上下文环境和词法等特征对篇章关系识别具有一定作用，在 PDTB 上正确率为 44.58%（6 大类，即 4 大类加实体关系和无关系）。Lin、Kan 和 Ng（2009）针对 PDTB 篇章语料库的特点，把篇章关系连接语作为谓词，把谓词管辖的文本单元（如句子、子句、从句等）作为论元，探索了各种上下文特征、词对特征、成分句法信息和依存句法信息，对隐式关系进行了研究，在 PDTB 上识别在前两层出现次数较多的 11 类关系的正确率为 40.2%。相对于 Pitler、Louis 和 Nenkova（2009），Lin、Kan 和 Ng（2009）不再将词分类，而是完全依据统计信息捕捉词对特征，降低了数据处理的复杂性，另外引入了上下文信息特征、成分句法信息特征和依存句法信息特征，开拓了隐式关系研究的新路径。Wang、Su 和 Tan（2010）试图进一步拓展 Pitler、Louis 和 Nenkova（2009）及 Lin、Kan 和 Ng（2009）的研究思路，针对 Lin、Kan 和 Ng（2009）只利用两层句法结构信息作为特征因而获取结构化信息量较少的缺点，采用卷积树核函数，将句法结构信息获取能力扩大到整个句法树的多层结构，并汲取 Pitler、Louis 和 Nenkova（2009）利用词类信息的思路，捕捉文本中对识别篇章关系贡献较大的时序信息，摒弃了对识别篇章关系贡献较小的多数词类信息。不过实验结果并不理想，在 PDTB 上的隐式篇章关系识别正确率只有 38.4%（6 大类）。徐凡、朱巧明和周国栋（2013）系统地探索了篇章中的浅层语义信息和以态度韵为导向的句子级情感等平面特征对隐式篇章关系识别的作用，同时提出了一种简单而有效的树核方法，最后采用复合核方法加以集成。在 PDTB2.0 上的实验结果表明，引入浅层语义和情感等信息后，正确率得到显著提升，使用平面特征正确率为 52.0%，使用复合核函数的方法后可以达到 53.1%。Fisher 和 Simmons（2015）采用半监督的方法进行 11 类隐式关系识别，使用有标签的数据 F_1 值达 41.1%。

在端到端的篇章结构分析方面，Lin、Ng 和 Kan（2014）研究如何在 PDTB 上进行篇章结构分析，对于难度较大的隐式篇章关系识别，采用上下文、词对、句法特征、依存树特征进行识别。整个系统包括连接词识别、论元识别、显式关系分类、隐式关系分类、属性标注，这是第一个端到端的 PDTB 分析工作。徐凡、朱巧明和周国栋（2013）在英语 PDTB 语料上进行了篇章结构分析关键问题研究，实现了一个全新的基于树核的英文篇章结构分析平台。不同于已有的基于特征向量的篇章结构分析平台，他采用了树核方法，能够有效结合文本中的平面信息和结构化信息，从而在性能上要优于已有的方法。

需要指出的是，由于在语料库使用上存在一些差别，上述方法的优劣并不能完全依据实验提供的正确率进行判断。不过，依然可以看出，在第二层主要关系类别上，相对于显式篇章关系 90%以上的识别正确率（Pitler et al.，2008），隐式篇章关系的识别正确率徘徊在 50%左右，隐式篇章关系识别成为篇章结构分析成败的关键。

3. 结合 RSTDT 和 PDTB 的研究

Hernault、Bollegala 和 Ishizuka（2010a）提出一种利用特征向量扩充提高少量篇章关系分类的半监督方法。许多篇章结构分析采用全监督的机器学习方法，此类方法要求标注训练语料，费时且代价高，而没有标注信息的数据则较容易被大量获取。作者提出了一种半监督方法，采用以前使用过且报告显示有用的特征进行篇章关系学习，探索在无标注的文档上进行篇章关系识别的可能性，特别是对类别例子较少的篇章关系性能加以改进。作者采用同现矩阵进行特征扩充，在 RSTDT 和 PDTB 上都进行了实验，结果表明正确率和 F_1 值都有较大的提高。文章首次提出关于出现频率较低的篇章关系的处理方法，这种方法对语料较少的领域也比较有用。

上述研究主要是采用半监督的方法进行篇章关系的识别，解决了在某些领域存在篇章标注较少的问题，但方法的性能有待进一步提升。

1.2.4 汉语篇章结构分析研究现状及存在问题

1.2.3 小节主要介绍了英语篇章结构分析的计算模型。汉语篇章结构分析起步较晚，目前的研究成果不多，下面介绍汉语篇章结构分析相关研究情况。

1. 汉语篇章结构分析研究现状

汉语篇章结构分析的兴起和发展大致经历了四个阶段（郑贵友，

2005）：第一个阶段纯粹以文章写作为主要目的，对篇章构成加以观察；第二个阶段以文章学分析为主，同时从语言学的角度对篇章构成加以观察；第三个阶段从语言学的角度，观察汉语篇章结构规律，具有“本土特征”，此时语言学家们更多地关注汉语篇章结构的“本土特征”——句群，确立了句群作为汉语篇章观察研究“标本”的地位，显著加强了汉语篇章内部微观语义结构、篇章内部衔接手段的研究（吕叔湘，1979；曹政，1984；吴为章、田小琳，1984），同时汉语复句研究也得到了较大发展；第四个阶段引进西方现代篇章语言学理论，研究汉语篇章问题，比较有影响的是采用 RST 和 PDTB 体系。

相比英语，汉语篇章结构分析研究刚刚起步。资源构建主要采用以下三种方法。

（1）基于 RST 的标注。乐明（2006，2008）和陈莉萍（2007）均进行了基于修辞结构理论的汉语篇章结构语料库研究，但他们相关工作的具体操作有较大差异。乐明以 RST 为指导，参考汉语复句和句群理论，进行了篇章结构标注的尝试。他定义了 12 类共 47 种汉语修辞关系，以句号、问号、叹号、分号、冒号、破折号、省略号及段落结束符等为标记定义汉语基本篇章单位，完成了 97 篇财经评论文章的修辞结构标注。陈莉萍试图采用RST标注汉语篇章，其基本篇章单位以标点分割，如“目前，……”中的“目前”也会作为基本篇章单位。他们的研究都表明 RST 的很多篇章关系无法在汉语中找到与之对应的关系。综上，汉语基本篇章单位和英语基本篇章单位有差别，乐明对基本篇章单位的定义显然太粗，陈莉萍的定义显然太细。

（2）基于 PDTB 体系的标注。Xue（2005）及 Zhou 和 Xue 等（2012）尝试使用 PDTB 体系标注汉语，PDTB 体系以连接词为谓词标注其论元结构。但汉语中连接词大量缺省，PDTB 体系表现出很大不适应；又由于连接词并不能覆盖每一个篇章单位，PDTB 体系通常不能构建一个完整的篇章结构，这对于篇章结构分析而言显然缺少了很重要的内容。Huang 和 Chen（2011，2012）对汉语篇章结构进行了系列研究，从 Sinica Treebank 3.1 中随机抽取了 81 篇石油和旅游领域的文档进行标注，构建了一个篇章语料库，建成了 3081 个句对的小规模的汉语篇章树库，在标注过程中简单地把句子作为一个论元，标注了 Temporal、Contingency、Comparison 和 Expansion 四种关系。Huang 和 Chen（2011，2012a）提出一种汉语篇章结构标注框架，并开发了一套网上标注系统。在此标注框架下，标注者选择出显式或隐式、句内或跨句等篇章关系，然后按照 PDTB 的关系分类体系进行标注。另外，作者还标注了每个实例的情感信息以备用。Zhou、Li 和 Wei（2014）采用 PDTB 的方法标注了显式句内篇章连接词的论元和关系。张牧宇、秦兵和刘挺（2014）在英文篇章关系研究的基础上分析了中英文的差异，总结了汉语篇章语义分析的特点，提出了一套面向中文的层次化篇章关系体系，整体上还是参照英语的 PDTB 体系进行标注，目前已发布了哈工大中文篇章关系语料（Harbin Institute of Technology-Chinese Discourse TreeBank，HIT-CDTB）①。HIT-CDTB 包括 525 篇标注文本，语料生文本来源于 OntoNotes 4.0，覆盖了句群关系、复句关系、分句关系等多级信息。标注采用 PDTB 的模式。标注的关联词分为显式关联词和隐式关联词两种。显式关联词包括普通关联词（“但是”“由于”等）、带修饰关联词（“部分原因”“尤其是”等）和平行关联词（“一方面……另一方面……”“一边……一边……”等）。标注的篇章关系共六个大类：时序关系、因果关系、条件关系、比较关系、扩展关系和并列关系。由于很多时间词（如“九八年”）被标注为连接词，所以语料中标注出来的显式关联词共有 1472 种，它们总共出现的次数是 11 519 次。

（3）采用汉语本土理论标注。参考邢福义（2001）的汉语复句研究成果，华中师范大学标注了汉语复句语料库（the Corpus of Chinese Compound Sentences）②，目前已收有标复句 658 447 句，约 44 395 000 字，语料来源以《人民日报》和《长江日报》为主。但汉语有标复句只占汉语复句的 30%左右（姚双云，2006），这就使得该语料库的应用受

① http://ir.hit.edu.cn/hit-cdtb/.

② http://ling.ccnu.edu.cn:8089/jiansuo/TestFuju.jsp.

到很大限制。而且该语料库仅关注复句内部关系，没有涉及句子及其以上篇章单位的结构问题，这显然不能满足篇章结构分析的需求。清华汉语树库（Tsinghua Chinese Treebank，TCT）（周强，2004）是从大规模的经过基本信息标注（分词和词性标注）的汉语平衡语料库中，提取出 1 000 000 汉字规模的语料文本，经过自动断句、自动句法分析和人工校对，形成的高质量汉语句法树库语料。TCT 中标出了复句内各分句之间的关系信息，复句分类采用比较常用的并列关系、连贯关系、递进关系、选择关系、因果关系、目的关系、假设关系、条件关系、转折关系等分类方法。但清华汉语树库中没有标注特定复句关系所对应的复句关系词，也没有标注句子之间的关系。

由于汉语篇章结构语料缺乏，汉语篇章结构分析研究受到了制约。Xue 和 Yang（2011）、Yang 和 Xue（2012）采用基于逗号的篇章分析方法切分汉语句子。值得指出的是，其所用的语料是根据句法模式自动抽取的，并非基于标注篇章结构的语料，无法准确反映实际情况。张牧宇等（2013）在 HIT-CDTB 上进行显式篇章句间关系和隐式篇章句间关系识别，并给出了初步的实验结果，但其所标语料参考英语 PDTB 体系，不能进行完全的篇章结构分析，只能进行部分篇章结构分析。涂眉、周玉和宗成庆（2014）在 TCT 上进行了基于最大熵的汉语篇章结构自动分析方法，实验结果表明，篇章语义单元自动切分的 F_1 值能达到 89.1%，当篇章语义结构树高度不超过六层时，篇章语义关系标注的 F_1 值为 63%。

汉语篇章分析有多个方面，本书主要讲述篇章级结构分析，目前汉语话题之间也有相关的研究，篇章结构和话题之间存在联系：一方面，一个话题的若干个单元之间应该可以组成一个完整的篇章结构树；另一方面，从篇章结构树上可以体现话题。目前，汉语话题理论方面比较有代表性的是宋柔（2013）提出的广义话题理论，根据汉语篇章的特点，以标点句为基础，他提出了广义话题和话题句的概念，描述了汉语的话题结构和话题句特征，给出了话题句动态堆栈模型。目前，宋柔（2013）已发布《鹿鼎记》第一回、《围城》全书和其他语料共约 40 万字。

笔者所在课题组进行了汉语篇章微观话题结构建模与语料库构建研究（奚雪峰等，2017），结合汉语复句句群理论及汉语自身特点，提出了一种基于主述位理论的汉语篇章微观话题结构表示方式，并借助微观话题链构建了汉语篇章话题结构表示体系。在此基础上，采用自顶向下、后向搜索的标注策略和人机结合的语料库标注方式，构建了基于篇章微观话题表示体系的汉语篇章话题结构语料库（Chinese Discourse Topic Corpus，CDTC），包含 500 个文档。

2. 存在问题及研究趋势

适用于汉语篇章结构分析的理论还不完善。适用于英语篇章结构分析的 RST 和 PDTB 体系都不太适合汉语本身的特点。乐明（2006）采用 RST 标注汉语篇章，发现 RST 的很多篇章关系在汉语中无法找到对应关系，而且汉语的基本篇章单位和英语的基本篇章单位存在较大差别。Xue（2005）尝试使用PDTB体系标注汉语，但PDTB的关系分类体系也不太适合汉语，而且 PDTB 关系标注中没有区分论元的主次，这部分信息对理解篇章及相关自然语言处理应用都非常重要。目前，有关汉语篇章的相关理论研究主要集中在复句和句群上，虽然复句和句群是篇章的重要部分，但复句和句群理论研究并不能代替篇章结构理论研究。

符合汉语特点的大规模汉语篇章结构资源匮乏。乐明（2006）采用了 RST 标注汉语财经篇章，但其基本篇章单位的分割不适合汉语，对复句内部的关系也没有标注。HIT-CDTB 采用 PDTB 体系，其所标关系也不完全适用于汉语，标注只考虑篇章连接词及其论元，没有考虑篇章层次结构及中心信息。汉语复句语料库只考虑有标复句，并且只考虑复句内部关系，没有考虑句子和句子之间的关系。据姚双云（2006）统计，《人民日报》语料样本的 583 181 个复句中，有标复句有 165 096 句，占复句总数的 28.3%，无标复句有 418 085 句，占复句总数的 71.7%。可见无标复句所占的比例较大，篇章结构分析的难点是处理无标篇章结构关系。

汉语篇章结构分析的计算模型相关研究缺乏。由于适用于汉语篇章结构分析的理论还不完善，并且缺乏大规模汉语篇章结构资源的支持，目前有针对性的计算模型相关研究较少。基于财经篇章语料库的研究（乐明，2006）和基于华中师范大学复句语料库的研究（姚双云，2006）主要还是根据标注语料进行语言学统计分析，并没有进行有效的篇章语义计算。张牧宇、秦兵和刘挺（2014）的 HIT-CDTB 的研究还只是初步的，需要更深入的计算分析研究。

汉语篇章结构分析起步较晚，目前的研究较少，针对汉语的篇章结构语料匮乏，需要首先标注汉语篇章结构语料库，随着语料库的逐步完善，汉语篇章结构分析的研究将迎来一个新的阶段。汉语篇章结构分析可以参考英语篇章结构分析的结果，采用类似的方法进行，但由于汉英不同，还需要探索针对汉语的篇章结构分析方法。

1.3　本书的研究内容

针对汉语篇章结构分析研究存在的问题，本书的研究内容主要包含以下四个方面。

一是参考 RST 和 PDTB 体系。结合汉语特点，提出基于连接依存树的汉语篇章结构表示体系，并给出连接词、子句、篇章结构关系及篇章单位主次的定义及判断方法，其中，连接依存树的内部节点为连接词，连接词既可以表示篇章结构的层次，也可以表示篇章逻辑语义关系，连接词所连接的篇章单位之间有主次之分。

二是研究汉语篇章结构语料库的构建。不同于英语的方法，在连接依存树表示体系的指导下，采用自顶向下的标注策略和人机结合的语料库标注方法构建汉语篇章结构语料库，并对标注语料库进行一致性测试和统计分析。

三是根据汉语篇章结构语料标注，设计并构建汉语篇章结构分析平台。汉语篇章结构分析包括子句识别、关系识别、篇章结构树构建等基本任务，本书首先分别研究单个任务，进而综合各个任务以构建完整的汉语篇章结构分析平台。

四是在前期研究成果的基础上，介绍将本书标注方法扩展到汉英双语篇章并进行标注的结果、汉英篇章结构资源标注方法及标注实践，给出汉英篇章结构资源标注结果及分析。

第 2 章

基于连接依存树的汉语篇章结构表示体系

由第 1 章可知，目前汉语篇章结构分析的理论研究较少，因此需要建立适合汉语特点的篇章结构表示体系。参考已有研究，结合汉语特点，本章提出一种基于连接依存树的汉语篇章结构表示体系。本章首先提出了连接依存树的概念，然后重点介绍连接依存树的子句、连接词、篇章结构关系和篇章单位主次的特点及判定方法，最后将基于连接依存树的汉语篇章结构表示体系和相关篇章结构分析理论进行对比分析。

2.1 引　　言

2.1.1 已有篇章结构理论体系分析

一般认为，完整的篇章结构包括篇章单位、连接词、篇章结构、篇章关系、篇章主次。然而，由 1.2 节可知，已有的篇章结构理论并没有完整地展现这些信息。例如，RST 将篇章结构表示成由基本篇章单位逐层组合而成的树状形式，然而，RST 忽视了连接词对篇章结构的重要性。如例 2.1 用 RST 形式表示则如图 2.1 所示，例 2.1 共有 4 个基本篇章单位，其中 e_1 和 e_2 是 attribution 关系，e_1 是核心单位，e_2 是卫星成分。e_1 和 e_2 的组合与 e_3 是 same-unit 关系，都是核心单位，在图 2.1 中箭头指向的内容为中心。RST 体现了 e_1-e_3 和 e_4 是条件关系，但没有体现连接词 if 的信息。PDTB 体系采用谓词论元的篇章结构表示形式，将连接词作为谓词，其所管辖的两个篇章单位被称为论元。如例 2.2 中的连接词是 particularly if（if 下面的双下划线表示 if 是连接词中心），连接词所管辖的 Arg_1 为 Catching up with commercial competitors in retail banking and financial services，Arg_2 为 market conditions turn sour，连接词的语义关系为 "Contingency.Condition.Hypothetical"。和例 2.1 同样的内容，PDTB 体系体现了连接词、论元（篇章单位）、篇章关系信息，但没有体现论元 Arg_1 和 Arg_2 的主次地位信息。

例 2.1 [Catching up with commercial competitors in retail banking and financial services,] e_1 [they argue,] e_2 [will be difficult,] e_3 [particularly if market conditions turn sour.]e_4（RST 理论表示）

（wsj_0616）

例 2.2 [Catching up with commercial competitors in retail banking and financial services] $_{Arg1}$, they argue, will be difficult, <u>particularly</u> <u>if</u> [market conditions turn sour] $_{Arg2}$.（Contingency.Condition. Hypothetical）（PDTB 体系表示）

(wsj_0616)

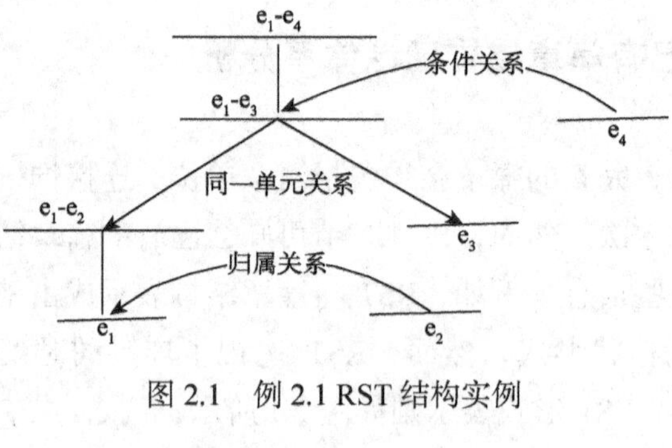

图 2.1 例 2.1 RST 结构实例

显然，RST 和 PDTB 体系在表示篇章结构时有它们各自的优点，同时也存在一些问题：①RST 注重层次结构，忽略了连接词的结构表达作用，但连接词对于篇章结构和篇章关系的作用都至关重要；②PDTB 体系重视连接词的篇章结构作用，以其为基础构建篇章关系及论元，但由于连接词难以贯穿整个篇章，所以往往难以构建出整个篇章的结构。另外，这些理论体系主要在英语上得以实践，已有的研究表明，这些理论实践于汉语时在基本篇章单位定义、关系类别体系等方面都有一些不适应（乐明，2006；陈莉萍，2007；Zhou & Xue，2012）。

2.1.2　汉英篇章结构的特点

汉语在篇章结构上和英语存在差异，主要表现在以下几个方面。

（1）汉语省略较多。汉语重“意合”，只要表达意义清楚，句子成分能省则省。而英语重“形合”，它强调句式结构完整，除省略句外，每个句子必须有主语（胡胜高，2010）。

（2）汉英连接方式差异。汉语较少借用形式连接手段，篇章主要是通过逻辑联系或语序、语境及句子之间的内部逻辑关系间接地表达出来。而英语常通过各种形式手段连接词语、分句或从句，强调显式连接，各句之间的联系大多通过词汇语法直接显示出来，使用各种连接词，如 and、but、if、as 等和某些特定短语、分句等（张军平，2008）。例如，Zhou 和 Xue（2012）的统计表明，汉语中没有连接词的隐式关系占 82%，而英语占 54.5%。

（3）汉英篇章关系分类差异。汉英篇章关系分类体系大不同，乐明（2006）的研究表明使用RST标注汉语篇章结构时，有9.6%的篇章单元之间需要添加新的关系。

（4）汉英篇章中心的确定方法不同，英语中心的确定主要和关系相关，但汉语篇章中心确定主要和篇章所要表达的意图相关。例如，同样是因果关系，有时原因比较重要，而有时结果比较重要。

2.1.3 连接依存树

针对汉语篇章结构的一般特点，本书结合 RST 和 PDTB 的优点，吸取 RST 的树形结构和篇章单位主次思想及 PDTB 的连接词处理方法，参考汉语复句和句群理论等的研究成果，采用一种连接依存树的形式表示汉语的篇章结构①。图 2.2 给出了例 2.3 的连接依存树表示。由于本书最终在宾州汉语树库（Penn Chinese Treebank 6.0，CTB6.0）②上采用连接依存树标注汉语篇章树库语料，因此同时给出 CTB6.0 中的一个例子（例 2.4）的连接依存树表示（图 2.3）。

例 2.3　a 张三**才** 30 出头，||b<而且>**既**没有什么学历，|||c **又**没有多少新的工作经验。|d **但是不论**干什么，|||e 他**都**非常认真，||f **所以**，领导总是把一些重要的任务交给他。

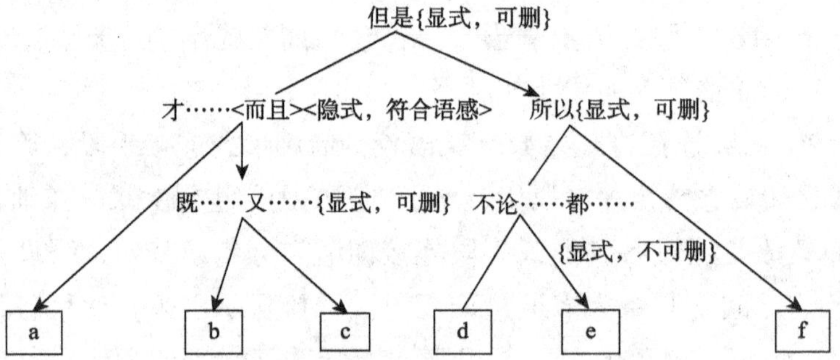

图 2.2　例 2.3 的篇章结构连接依存树表示

例 2.4　a 浦东开发开放是一项振兴上海，建设现代化经济、贸易、金融中心的跨世纪工程，||b **因此**大量出现的是以前不曾遇到过的新情况、新问题。|c **对此**，浦东**不是**简单地采取“干一段时

① 篇章结构的研究表明篇章结构适合树形显示，从计算语言学的角度来讲，树结构便于计算分析。篇章单位之间可能存在关系交叉的情况，不过这种情况不多，可以参照依存句法分析予以合理解决。

② 此中文树库是美国宾夕法尼亚大学的汉语树库，其本身有英文树库 PTB，汉语树库则简称为 CTB，本书所使用的版本号是 CTB6.0。

间，等积累了经验以后再制定法规条例”的做法，|||d **而是**借鉴发达国家和深圳等特区的经验教训，|||||e<并>聘请国内外有关专家学者，|||||f<并>积极、及时地制定和推出法规性文件，||||g **使**这些经济活动一出现就被纳入法制轨道。||h<例如>去年初浦东新区诞生的中国第一家医疗机构药品采购服务中心，**正因为**一开始就比较规范，|||i<虽然>运转至今，||||| j<并>成交药品一亿多元，|||| k<却>没有发现一例回扣。

（chtb_0001）①

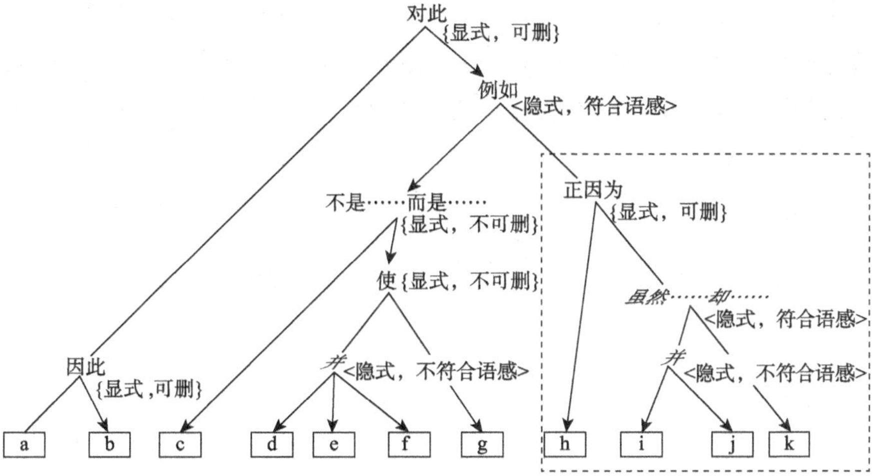

图 2.3　例 2.4 的连接依存树实例

例 2.3 和例 2.4 字母所表示的内容是基本篇章单位，“|”的数量代表篇章单位间的组合层次。例 2.3 中 a 和 b 之间是因果关系，d、e、f 之间是并列关系，def 的组合和 g 是目的关系，c 和 defg 的组合是选择关系。总之，各基本篇章单位组合后形成高一级篇章单位，进而通过再组合形成更高一级篇章单位，如此逐层组合，最后构成一棵篇章结构树。例 2.3 和例 2.4 的篇章结构树见图 2.2 和图 2.3。各层篇章单位赖以组合的原因在于其间存在一些为数不多的、反复出现的结构关系（如并列、因果等），这些结构关系有时有连接成分作为形式标记（如例 2.4 中的

① 例子后面括号内指明了来源文档编号。

“不是……而是……”），有时则完全隐含（如例 2.4 中的“并”）。只有分析出篇章的层次结构及其关系，才能更好地理解篇章。图 2.2 和图 2.3 中字母所标记的叶子节点表示 EDU，本书称为子句（clause），内部节点表示连接词，内部节点所管辖的子句组合称为篇章单位。各子句之间通过连接词组合后形成高一级篇章单位，进而通过再组合形成更高一级篇章单位，如此逐层组合，最后形成一棵篇章结构树。从图 2.2 和图 2.3 可知，连接词的层级地位可以反映篇章结构，连接词本身可以表示篇章关系，连接词所连接的篇章单位有主次之分，通过连线的指向性可区分篇章单位的主次地位，箭头所指为主要篇章单位（中心），篇章关系可以有一个或多个中心。由于连接词的突出地位，中心又和依存结构相似，本书把这种连接词驱动的生成树称为“连接依存树”。下面对连接依存树进行定义和介绍。

2.2 叶子节点——子句

2.2.1 子句的定义

篇章结构分析中，首先需要确定 EDU，因此识别 EDU 是篇章结构分析的首要任务。对于什么是 EDU，不同的理论对其看法并不完全相同：Hobbs 模型（Hobbs，1979）提出，篇章结构由篇章单位和篇章连接关系构成，其中篇章单位可以小到子句，大到篇章本身；Givon（1983）认为从句应该成为篇章的基本单位，Sacks、Schegloff 和 Jefferson（1974）认为谈话的话轮应该成为篇章的基本单位；Polanyi（1998）坚持篇章应该以自然句为切分单位；Grosz 和 Sidner（1986）认为篇章的基本单位应该从篇章的上下文中获取，它是由一定的符号所反映的信息载体，能反映事物的单个状态或部分状态；Mann 和 Thompson（1986）的 RST 认为从句应该是篇章的基本单位，无论从句是否存在语法标记或词汇标记，它与 Hobbs 模型都有很大的相似性，但相比 Hobbs 模型，RST 更注重句子内部的篇章结构，篇章单元可以小到短语。

自然语言处理领域中，不同的篇章标注语料库对 EDU 的定义和标注也有所不同。Carlson、Marcu 和 Okurowski（2003）综合了 Grosz、Weinstein 和 Joshi（1995）、Mann 和 Thompson（1987b）的理论，在确定 EDU 时考虑到词汇、句法、语义和位置等因素。Carlson、Okurowski 和 Marcu（2002）的 RSTDT 对 EDU 的规定如下：充当主语或宾语的从句不属于 EDU；充当主要动词补语的从句不属于 EDU；所有有词汇或句法标记的起状语作用的从句或非谓语动词词组都属于 EDU；定语从句、后置的名词修饰短语或将其他基本篇章单位割裂开的从句或非谓语动词短语为内置篇章单位；有明显篇章标记的短语为 EDU，如由因为、尽管（in spite of）、根据（according to）等引导的短语属于 EDU。

PDTB 以连接词为篇章级谓词（The PDTB Research Group，2007），篇章单位为谓词论元，一个谓词可以带两个论元。PDTB 的篇章单位包括简单从句、特殊的非从句（并列动词短语、起名词作用的短语、抽象对象的指代表达形式）、表示连接关系的多个从句或句子（采用最小化原则，即选择能最少地解释连接关系的句子作为论元）。例如，“The city's Campaign Finance Board has refused to pay Mr. Dinkins $95,142 in matching funds **because** his campaign records are incomplete.”句中，because 前后均为 EDU。

汉语方面，面向自然语言处理的篇章结构分析研究还不多见。乐明（2006，2008）把汉语篇章的 EDU 定义为小句，形式上小句是由句号、问号、叹号、分号、冒号、破折号、省略号，以及段落结束标记所分隔的文字串。陈莉萍（2007）提出的 EDU 应该是以标点符号（如逗号、句号、分号等）分隔的句子。综合英语和汉语研究，不难发现对于汉语篇章结构分析研究，首先需要找到一种既能表示汉语本意又便于计算的汉语 EDU 定义方法。

连接依存树的叶子节点为 EDU，本书称为子句，在从下到上的篇章结构组合中，它是分析的起点；在从上到下的篇章结构分析中，它是分析的终点。因此子句分析相当关键。由于汉语句子的结构和短语的结构没有明显的形式区分，汉语“句”相当难于定义，至今语法学界没有统一明确的看法（王文格，2010）。参考主流汉语句法理论，结合可操作性，本书对汉语子句定义如下：

> 子句含传统单句及复句中的分句。结构上，子句至少包含一个谓语部分，至少表达一个命题；功能上，子句对外不作为其他子句结构的语法成分，子句和子句间发生命题关系；形式上，子句间一定有标点（通常是逗号、分号和句号等）来分割。

依据上述子句判断原则，本书用字母标出例 2.3 和例 2.4 中的子句。为便于区分子句，本书给出例2.5进行对比说明。例2.5中，（A）句含一个子句，逗号左边不是独立命题；（B）句含一个子句，有多命题，但命题间无标点；（C）句含两个子句，每个子句均含命题，子句间有标点。

例 2.5　（A）a 那个张三，推开门出去了。
　　　　（B）a 张三推开门出去了。
　　　　（C）a 张三推开门，b 出去了。

通过例 2.5 可以发现，标点在子句判断中起非常重要的作用。根据定义，下面对子句判定进行具体说明，所给例子均出自 CTB6.0 中的《新华日报》部分，文档编号为 chtb_0001-chtb_0325、chtb_0400-chtb_0454、chtb_0600-chtb_0885、chtb_0900-chtb_0931，人工对例子进行了子句划分，汉语子句前用字母 a、b、c 等标示。

2.2.2　子句的判定

1. 子句是单句

单句能够表达一个相对完整的意思，并且有一个特定的语调，全句主干只有一个结构中心，每个结构中心只能有一套句子成分，即只能有一个主谓结构或非主谓结构。

例 2.6　a 北海已成为中国对外开放中升起的一颗明星。

（chtb_0008）

例 2.7　a 北海市的崛起，是近年来广西壮族自治区对外开放取得卓著成就的重要标志之一。

（chtb_0008）

例 2.6 中，句子从头到尾只在句后有一个标点（如句号、问号或感叹号），这种句子一定是子句。例 2.7 中，虽然句子中间有标点，但属于只有一套句法成分的单句，因此也是子句。

2. 子句是复句中的分句

复句是由两个或两个以上意义上有密切关系的分句（结构上类似单句而没有完整句调的语法单位）组成的语言单位，包括简单复句（内部只有一层语义关系）和多重复句（内部包含多层语义关系）。复句中的各个分句之间一般有停顿，书面上用逗号、分号或冒号表示。

例 2.8　a 浦东开发开放是一项振兴上海，建设现代化经济、贸易、金融中心的跨世纪工程，| b 因此大量出现的是以前不曾遇到过的新情况、新问题。

（chtb_0001）

例 2.9　a 古老的京杭大运河如今不仅在贯通南北运输方面发挥重要作用，| b 而且带动起一条欣欣向荣的工业走廊，|| c 形成了大运河经济带。

（chtb_0004）

例 2.8 中，虽然子句 a 中间有逗号分割，但它是复句中的分句，是一个子句，a 和 b 之间是因果关系，通过连接词“因此”体现。例 2.9 中，a、b、c 都是分句，b 和 c 是并列关系，连接词是隐含的；b 和 c 的组合与 a 是递进关系，连接词是“不仅……而且……”。

3. 标点与子句判定

2.2.1 中的子句定义是判定子句的基本原则，但实际语料中有多种标点，不同的标点作用也不同，由于一个子句必然是以标点为边界，所以标点对子句分割意义重大。标点符号用法国家标准 GB/T 15834—2011（标点符号用法，2012）指出，汉语的常用标点符号有 16 种，分点号和标号两大类。点号的作用在于点断，主要表示说话时的停顿和语气。点号又分为句末点号和句内点号。句末点号用在句末，有句号、问号、叹号 3 种，表示句末的停顿，同时表示句子的语气。句内点号用在句内，有逗号、顿号、分号、冒号 4 种，表示句内的各种不同性质的停顿。标号的作用在于标明，主要标明语句的性质和作用。常用的标号有 9 种：引号、括号、破折号、省略号、着重号、连接号、间隔号、书名号和专名号。可见，汉语书面语中和子句边界有关系的是点号，其中句号、问号、叹号、分号一定表示子句边界；顿号表示句子内部并列词语之间的停顿，所以一定不是子句边界；逗号和冒号可能是，也可能不是子句边界。CTB6.0 中有可能是子句边界的标点分布如图 2.4 所示，逗号和句号出现次数最多（占 85.9%）。

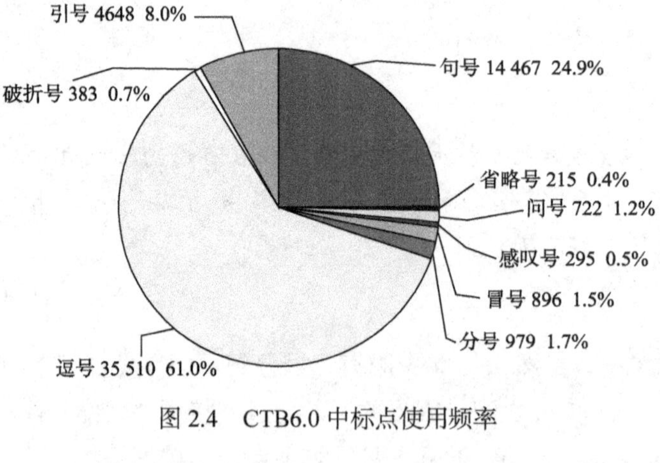

图 2.4　CTB6.0 中标点使用频率

每种标点的功能不一样，在进行子句判断时，根据其能否作为子句边界对其处理方法也不同，具体如下。

（1）逗号

逗号是句内点号的一种，表示句子或语段内部的一般性停顿。Yang 和 Xue（2012）给出的逗号分类方法中将逗号的使用方法共分为七类。其首先把逗号的使用方法在总体上分为两大类：一类是逗号连接的两子句之间存在关系，即逗号是子句边界；另一类是两子句之间不存在关系，即逗号不能标记篇章单位。两子句之间存在的关系又可以分为并列关系和从属关系。并列关系又可分为三种类型（SB、IP_COORD 与 VP_COORD），从属关系也分为三种类型（ADJ、COMP 与 SBJ）。图 2.5 展示了逗号的类别。Yang 和 Xue（2012）的分类主要是从句法树上自动抽取的，而且其分类的基本单位没有严格的定义，参考其分类方法，本书将逗号功能分为子句边界类和非子句边界类。

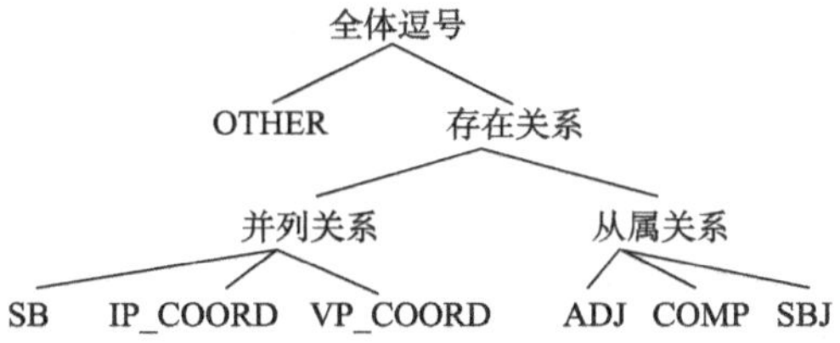

图 2.5 逗号的类别（Yang & Xue，2012）

1）SB（sentence boundary）：分割句子边界的逗号，属于子句边界类。SB 类逗号是指在某些语境下，起到作为句子边界作用的逗号。这类逗号要求逗号左右的子句都是 IP 结构，父节点为根节点，比如在流水句中。例 2.10 就是一个流水句，该句的句法结构如图 2.6 所示，例 2.10 中的两个逗号分别用 P_1 和 P_2 标示，P_1 和 P_2 的左右子句均是 IP 结构，P_1 和 P_2 均属于 SB 类逗号。

例 2.10 a 陕西省目前批准的外资项目已达二千四百多个 P_1，b 协议利用外资额四十多亿美元 P_2，c 实际引进外资超过十六亿美元。（chtb_0091）

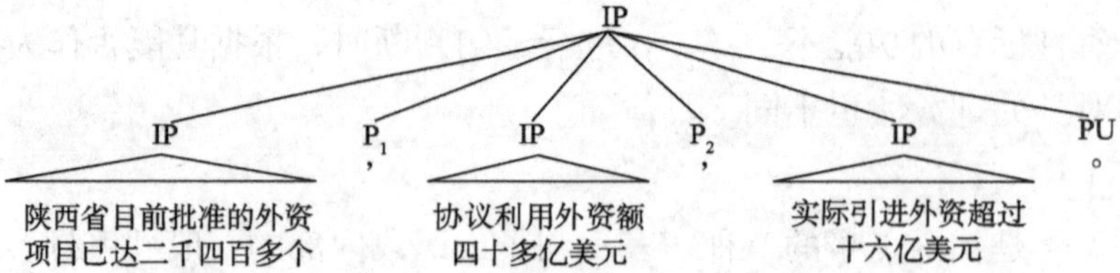

图 2.6　例 2.10 的句法结构

2）IP_COORD（IP coordination）：分割父节点为非根节点的并列 IP 结构的逗号，属于子句边界类。该类逗号分割开的子句拥有完整的 IP 结构，但该逗号的父节点不是根节点，不能等同于句子边界。图 2.7 展示了例 2.11 的句法结构，该结构通常是长句子的嵌套结构。例 2.11 中逗号 P_4 和 P_5 就属于该分类。

例 2.11　a 他在会议工作报告中指出 P_3，陆上石油勘探开发遇到一系列世界级难题 P_4，b 投资成本日益上升 P_5，c 企业改革和产业结构调整任务艰巨。

（chtb_0100）

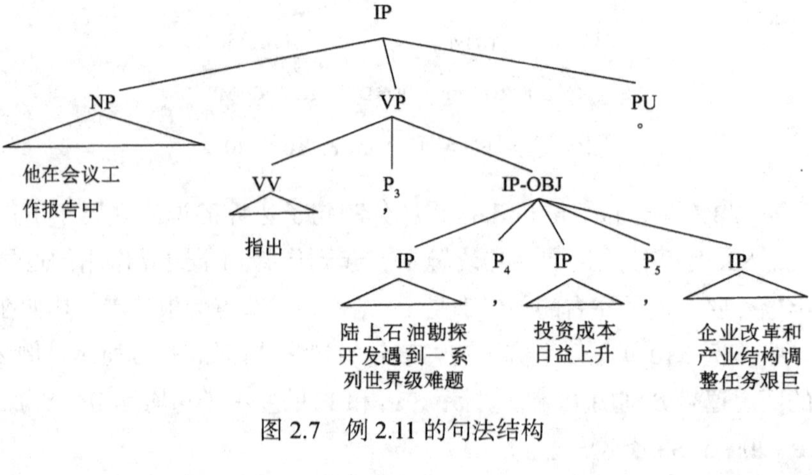

图 2.7　例 2.11 的句法结构

3）VP_COORD（VP coordination）：分割并列动宾短语的逗号，属于子句边界类。这一类的逗号与 IP_COORD 类逗号相似，都是分割嵌套结构中的并列结构。被 VP_COORD 类逗号分割开的子句属于并列的动宾结构（即 VP 结构），它们共享同一个主语。例 2.12 中的逗号 P_6 就属于 VP_COORD 类逗号，图 2.8 展示了该例句的句法结构。

例 2.12　a 中国银行是四大国有商业银行之一 P_6，　b 也是中国主要的外汇银行。

（chtb_0081）

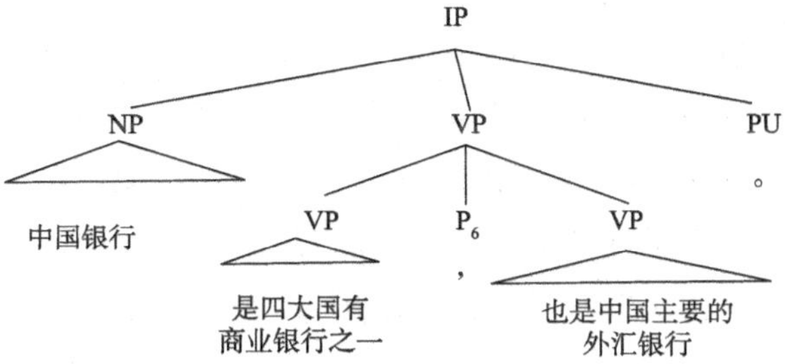

图 2.8　例 2.12 的句法结构

4）ADJ（adjunction）：分割附属从句与主句的逗号，本书根据不同情况区别对待。一般情况为非子句边界，但若附属成分是目的状语、原因状语等可以表示独立意义的语句块，则被认为是子句边界类，否则被认为是非子句边界类。附属从句指在句子中担当某种句子成分的从属结构。虽然从句部分的句子结构是完整的，但它并不能脱离主句部分独立完整地表达意思。附属从句往往是状语从句，通常有条件状语从句、原因状语从句、目的状语从句、方式状语从句、伴随状语从句等。这些附属从句在通常情况下位于主句之前，本书也只考察从句出现在主句之前的情况。例 2.13 为典型的目的状语从句，逗号 P_7 为 ADJ 类逗号。图 2.9 给出了与例 2.13 相对应的句法结构。

例 2.13　a 为了在运行机制上与保护区相配套 P_7，　b 宁波保护区率先在中国实施了企业依法注册直接登记制的试行一站式管理。

（chtb_0019）

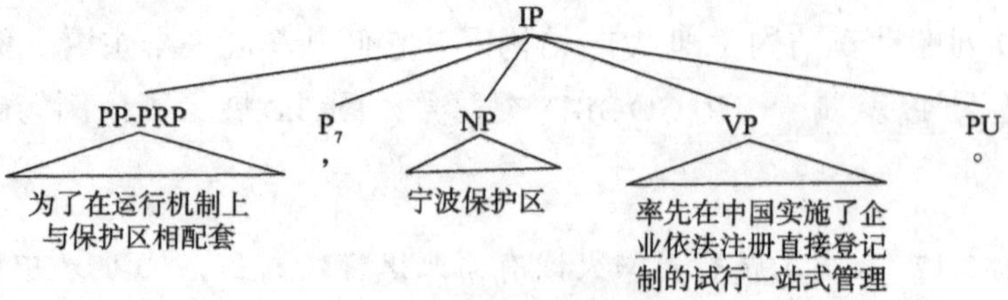

图 2.9　例 2.13 的句法结构

5）COMP（complementation）：分割句子谓语与宾语的逗号，属于非子句边界类。汉语中的谓语与宾语之间的联系比较紧密，通常二者之间不出现停顿符号。但对于宾语部分较长的复杂句子，会在谓语之后出现逗号，表示停顿，用于舒缓语气。通常在“表示”“指出”“认为”“介绍”等提示性动词之后都会出现逗号。COMP类标示的就是该类逗号，这是一种比较常见的逗号使用方法。例 2.14 中的逗号 P_8 就属于该种情况，图 2.10 给出了该例句的句法结构。另外，图 2.11 中的逗号 P_3 也属于 COMP 类逗号。

例 2.14　a 钱其琛表示 P_8，我们对香港的前景始终是充满信心的。（chtb_0058）

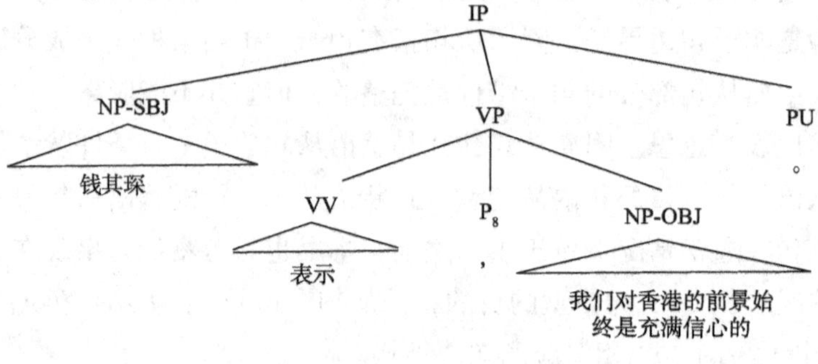

图 2.10　例 2.14 的句法结构

6）SBJ（subject）：分割句子主语和谓语的逗号，本书认为属于非子句边界类。SBJ 类表示逗号将句子的主语与动宾结构分割开。在句法结构上表示为逗号的左兄弟节点为 IP-SBJ 或 NP-SBJ 结构，而右兄弟节点为 VP 结构。例 2.15 中的逗号 P_9 为该类逗号，图 2.11 给出了与例 2.15 对应的句法结构。

例 2.15　a 出口快速增长 P_9，成为推动经济增长的重要力量。

（chtb_0097）

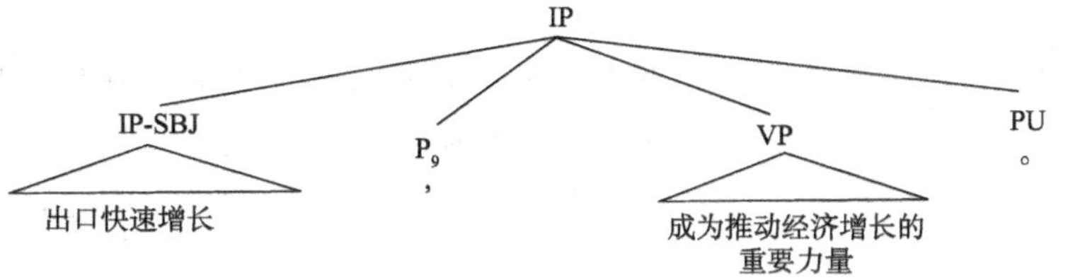

图 2.11　例 2.15 的句法结构

7）Other：其他类型逗号，根据本书子句定义进行划分，不能采用自动方式进行。根据上述六种逗号类型的句法特征，可以很容易地将逗号分类标签提取出来，不属于上述六种类型的逗号均为 Other 类型。

（2）句号、问号和叹号

句号、问号和叹号均是句末点号，句号主要表示句子的陈述语气，叹号主要表示句子的感叹语气。句号、问号和叹号均为子句分割符，如例 2.16~例 2.18。

例 2.16　a 外商投资企业在改善中国出口商品结构中发挥了显著作用。

（chtb_0002）

例 2.17　a 雄孔雀时代来临？

（chtb_1018）

例 2.18　a 什么新东西也没有啊!

（chtb_1020）

（3）分号

分号是句内点号的一种，分号作为介于句号和逗号之间停顿的标点符号，主要用于：复句内部，表示并列分句之间的停顿；表非并列关系（如选择关系、转折关系等）的多重复句中；分行列举的各项之间。在语料中，分号出现的比例虽然只有 1.7%，但语料分析显示，分号所分割的 99%以上的句子都是复句中结构完整的分句。因此，本书将分号视为子句分割符，见例 2.19—例 2.21 的分号使用举例。

例 2.19 a 农牧业生产贷款（包括扶贫贷款）比上年新增四点三八亿元；b 乡镇企业贷款增幅为百分之六十一点八三。

（chtb_0007）

例 2.20 a 贷款将向能源、交通、电力等基础设施产业倾斜，b 尤其以国外大公司在华设立的大中型企业为重点；c 此外，高技术、高科技、高出口、高利税的企业也将获得中国银行的贷款支持。

（chtb_0007）

例 2.21 a（甲）其父或母根据《基本法》第二十四条第二款第一项或第二十四条第二款第二项是香港特别行政区永久性居民；

b（乙）在儿童出生时，其父或母是香港或香港特别行政区的永久性居民；

（chtb_0544）

例 2.19 中，分号前后分别是一个单句，a 和 b 为子句，分号连接起来的子句之间是并列关系。例 2.20 中，a、b 和 c 是子句，a 和 b 是递进关系，a 和 b 的组合与 c 以分号分割，分号前后都是子句，表示并列关系。例 2.21 用于分项列举的各项之间。

（4）冒号

冒号是句内点号的一种，表示语段中提示下文或总结上文的停顿。冒号在本书汉语篇章语料中主要有以下用法：用于总结性或提示性词语（如“说”“报道”等）之后；用于总结上文；用在需要说明的词语之后表注释说明；用在列举式或条文式表述中；用在称谓之后。

例 2.22　a 作者：陈彬
b 出版：商讯文化
c 地址：台北市大理街 132 号

（chtb_1051）

例 2.23　a 国家统计局预测：全球经济发展将给中国带来很多机遇。

（chtb_0016）

例 2.24　a 江泽民主席在九江视察时说："九江地处京九中段，b 地理位置很好，c 九江前途无量。"

（chtb_0042）

例 2.25　a 中国应急培训高级跨国经营管理人才的一项重要举措今天在上海实施：b 中国跨国企业经营管理实务高级研修班，今天在上海国际金融学院正式举行开学典礼。

（chtb_0297）

由例 2.22~例 2.25 可知，冒号用法较多，不能根据标点直接确定是否可以分割子句，需要考虑实际情况进行区分。用于篇章组织和句内的冒号不能作为子句分割符，句间的冒号可以作为子句分割符。

（5）引号

引号是标号的一种，标示语段中直接引用的内容或需要特别指出的成分。行文中直接引用的话，用引号标示，如例 2.26 中具体艾滋病防治策略；需要着重论述的对象，用引号标示；具有特殊含义的词语，也用引号标示；引号里面还要用引号时，外面一层用双引号，里面一层用单引号。

例 2.26　a 去年，卫生部和有关部门提出了"预防为主，宣传教育为主，经常性工作为主"的艾滋病防治策略，b 并得到国务院的确认。

（chtb_0244）

对于引号的处理，遵循的原则是，若引号位于一个子句的内部（例 2.26），则不予处理；若引号所引的是一个独立的句子（例 2.24），则将其作为独立句子处理。

（6）破折号

破折号是标号的一种，标示语段中某些成分的注释、补充说明或语音、意义的变化。基本用法如下：标示注释内容或补充说明（也可用括号），标示插入语（也可用逗号），标示总结上文或提示下文（也可用冒号），标示话题的转变，标示声音的延长，标示话语的中断或间隔，标示引出对话，标示事项的列举分承等。CTB6.0 语料中大部分表示后续语句对前面某些词句的解释说明，本书除了表示插入语的破折号外，其他情况的破折号均作为基本篇章单位分割符。如例 2.27 和例 2.28 所示。

例 2.27　a 这个开发区位于中国著名风景旅游城——杭州市区内，b 是一九九一年国务院批准建设的国家级高新技术产业开发区。

（chtb_0011）

例 2.28　a 不一会，在一小片开阔地，导游——一位会操 5 种欧洲语言的女郎——命令车子停下，b 她让大家趁太阳正露出笑脸向我们致意的时机，赶紧观赏一下圣岳的容颜。

（chtb_0207）

（7）省略号

省略号是标号的一种，标示语段中某些内容的省略及意义的断续等。基本用法有标示引文的省略，标示列举或重复词语的省略，标示语意未尽，标示说话时断断续续等。如例 2.29 和例 2.30 所示。

例 2.29　a 这年五月，九七歌仔戏创作研讨会在厦门召开……

（chtb_0836）

例 2.30　a 处于族群复杂的环境中，邓相扬对族群间的冲突、融合、文化的消失……等情形非常敏感。

（chtb_1011）

对于省略号的处理，如果其在句尾（例 2.29）则相当于句末标号，处理方式参考前面；如果其在句子中间（例 2.30），则不将其作为子句分割符。

（8）其他符号

其他符号不能作为子句边界，故图 2.4 没有将其统计进去。圆括号通常用来解释一个特定的词或短语，不管括号里的内容中间是否有标点，均不将其视为基本语篇单位（例 2.31）。顿号是中文特有的标点，表示并列的词或词组之间的停顿，无论顿号中间的内容有多少，均不将其视为子句分割标点（例 2.20、例 2.30 和例 2.31）。书名号标示书名、篇名、戏剧名、歌曲名、报刊名和法规文件等题名，属于子句内部符号，书名号内部即使有其他符号也不必处理（例 2.32）。

例 2.31　a 已经报名采访的记者有 1320 名（文字 601 名、摄影 171 名、电视台 400 名等）。

（chtb_0306）

例 2.32　a 一九九四年版《经济白皮书：中国经济形势与展望》，近日由中国发展出版社出版。

（chtb_0268）

4. 一些特别情况

在子句判断时，通常会有些特殊情况需要单独列出来，主要是言说结构和介词结构。

（1）言说结构

“说”类动词引导的结构，当“说”后引导的内容是一个篇章时，视其为一般篇章进行结构分析，并且把“××说”也归到“说”后的第一个子句中。如例 2.23 和例 2.34 的第一个子句 a。

例 2.33　a 他说："我相信，只要双方共同做出努力，b 两国的友好合作关系就一定会在中法建交公报和今年一月十二日联合公报的原则基础上不断向前发展。"

（chtb_0238）

例 2.34　a 他在会议工作报告中指出，陆上石油勘探开发遇到一系列世界级难题，b 投资成本日益上升，c 企业改革和产业结构调整任务艰巨。

（chtb_0100）

（2）一些介词引导的结构

当介词引导的结构在介词删去后可以独立成句时，该结构可被视为子句。比如，例 2.4 中的"使这些经济活动一出现就被纳入法制轨道"删除"使"后独立成句，因此其可以被视为子句；同样，如例 2.35 中的子句 a。

例 2.35　a **为了**在运行机制上与保护区相配套，b 宁波保护区率先在中国实施了企业依法注册直接登记制的试行一站式管理。

（chtb_0019）

2.3　内部节点——连接词

在汉语篇章中，篇章关系指同一篇章内部，句子之间或子句之间的语义连接关系，如条件关系、转折关系、因果关系等（周小佩等，2013），连接词主要指连接不同篇章单位并表示这种语义关系的词语。连接依存树的内部节点为连接词，连接词指具有子句及其以上语法单位连接和关系提示作用的语言单位。判断连接词的主要标准是看其联系的成分是否为子句及其以上语法单位，其能否提示所联系篇章单位间的语义关系。

如例 2.4 中的“因此”“对此”“不是……而是……”“使”“正因为”，例2.36中的“不仅……而且……”，例2.37中的介词“为”，这些对上下句起连接作用的词，都叫连接词。本书所述的篇章连接词不限于现代汉语中的连词，只要对句子和语段起连接作用，能恰当地表示句子之间或子句之间关系的语言单位均可称为连接词，其范围要广于现代汉语（黄伯荣、廖序东，2002）中的连词。

例 2.36　a 古老的京杭大运河如今**不仅**在贯通南北运输方面发挥重要作用，b **而且**带动起一条欣欣向荣的工业走廊。

（chtb_0013）

例 2.37　a **为**充分发挥地缘优势，b 进一步加快对外开放步伐，c 呼伦贝尔盟自去年下半年开始，认真总结在对外开放方面存在的问题和不足，d 大力开展了“创造良好开放环境”活动。

（chtb_0024）

篇章关系识别是篇章结构分析的基本任务。对于篇章关系表示，一般的做法是直接给出并列、转折、因果等抽象关系类型，如图 1.1 的做法。本书的基于连接依存树的汉语篇章结构表示体系并不直接在树形图中给出这种抽象关系，而是用连接词直接表示篇章单位间的篇章关系，如图 2.2 所示，“没……学历”和“没……经验”之间的关系为“既……又……”，二者进一步组合后与“张三才 30 出头”构成“才……<而且>……”关系（对于篇章关系的抽象概括，本书给出一种通用的篇章关系分类体系，但分类体系和连接词相互独立，见 2.4 节篇章结构关系）。这样，使用连接词既可表示篇章关系，又可避免篇章关系标注中抽象分类与判断的分歧，从而使本书所提出的汉语篇章结构表示体系便于实际操作，基于该策略所构建的标注语料也便于扩展。本书所称的“连接依存树”，与连接词在基于连接依存树的汉语篇章结构表示体系中的独特结构地位和关系表示作用有关。

连接词连接篇章实体单位，在连接依存树中，它一方面通过管辖体现篇章的层次结构，另一方面通过其语义提示篇章的逻辑语义关系。连接词的判定是连接依存树表示体系的基本任务之一，充分认识连接词的特点有利于准确地判定连接词。下面分别从连接词的特点（包括逻辑语义关系）、连接词添加和删除对连接词进行详细介绍。

2.3.1 连接词的特点

作为篇章中的连接词，最重要的作用是连接子句或句子等篇章单位。如例 2.36 中的“不仅……而且……”、例 2.37 中的“为”就很好地起到了连接逗号前后子句的作用。此外，连接词还具有其他性质，下面从连接词的形式、分布、词性、句法特性、逻辑语义关系和其他连接词等方面进行说明。

1. 连接词的形式

在汉语篇章结构中，连接词的形式并不是单一的。根据其形式的不同可以分为独用连接词、关联词、合用连接词等。

独用连接词指在汉语篇章结构中，连接子句或句子的单独的词语，如“并且”“而且”“所以”等。关联词指在汉语篇章结构中，连接子句或句子的成对儿出现的词语，如“既……又……”“不但……而且……”等。合用连接词是指几个组成短语、用于连接前后子句、表示同一篇章关系的词，如“同时还”，具体见例 2.38。

例 2.38　（A）a 据介绍，国家开发银行成立后，将专业银行的这部分用于基建和技改项目的信贷基金以金融债券的形式转到国家开发银行名下，b **所以**在固定资产投资总量上并没有发生变化。（因果关系）

（chtb_0218）

（B）a 他说，**由于**人民币资本项目下的可兑换本来就没有时间表，b **所以**不存在因东南亚金融危机而延长这一过程的问

题。(因果关系)

(chtb_0123)

(C) a 专家们表示，福建发展高新技术产业，**不仅**能加速本地产业的升级换代和国际化，b **而且**最终有可能使这一地区成为海峡两岸科技、经贸合作的最佳地带。(递进关系)

(chtb_0034)

(D) a 目前，已有十二万多家外商投资企业在中国开业，b **而且**这些已开业的外商投资企业绝大部分生产经营状况较好。(递进关系)

(chtb_0006)

(E) a 今后还将适当增加外国银行和保险公司在中国的分支机构，b **同时还**准备扩大外国银行办理人民币业务的试点。(并列关系)

(chtb_0123)

(F) a 他指出，美国国会每年就这个问题进行辩论实际上只有对美国自身不利，| b 影响美国商人的对华投资信心，|| c **从而也**影响到美国人的就业机会。(因果关系)

(chtb_0146)

(G) a 入冬以来，已有四百余只丹顶鹤陆续飞抵江苏盐城沿海滩涂越冬。| b **然而由于**少数人法制观念淡薄，|| c 当地已连续发生数起毒杀丹顶鹤事件。(然而——转折关系；由于——因果关系)

(chtb_0654)

分析例 2.38，(A) 中的连接词“所以”在这里是独用连接词，表示因果关系，但“所以”在很多情况下可以与其他词联用表示因果关系，如和 (B) 中的“由于”联用表示因果关系。(B) 中的连接词“由于……所以……”和 (C) 中的连接词“不仅……而且……”都是成对相互关联出现的，为关联连接词。但是关联词也可以独立应用到子句中，单独表示子句间的连接关系，如 (D) 中“而且”和 (A) 中

“所以”。（E）中的“同时还”是合用连接词，“同时”和“还”两个连接词合并起来表示并列关系。（F）中的连接词“从而也”是表示因果关系的“从而”和表示并列关系的“也”合用，在所连接的子句中表示因果关系。（G）中的“然而由于”虽然相邻，与合用连接词类似，但“然而”和“由于”分别有不同的管辖范围，表示不同的关系，“然而”表示子句a和bc组合是转折关系，“由于”表示子句b和子句c是因果关系。

2. 连接词的分布

从分布上看，连接词可以出现在连接项的开头、中间和结尾。例 2.39 中的“只有”“虽然”“如果”位于句首。例2.39中的“才”“但”和例2.38中的“所以”“而且”位于句中或子句开头。例2.39中“外”位于子句尾部。

例 2.39　（A）a **只有**实现持久的和平，b **才**有可能实现持续发展。

（chtb_0052）

（B）a **虽然**一九八三年这个村也开始实行家庭联产承包责任制，b **但**整个八十年代，大寨都处在沉默之中。

（chtb_0644）

（C）a **如果** 100 条新闻中有一条是假的，b 读者对另外 99 条也会产生怀疑。

（chtb_0196）

（D）a **除**建立合资企业**外**，b 通用**还**通过飞机和集装箱租赁向中国投入十亿多美元。

（chtb_0028）

3. 连接词的词性

从语法性质上看，连接词不限于传统连词，只要是起子句及其以上语法单位连接和关系提示作用的语言单位均为连接词，如例 2.4 中的连接词有连词（“因此”）、介词（“使”）、动词短语（“不是……而是……”）、介词短语（“对此”）等。

在汉语篇章结构中，连接词有连词、介词、副词等诸多语法类型。其中，占绝大多数的还是连词。连词起连接词、子句和句子等的作用，表示并列、选择、递进、转折、条件、因果等关系。例如：和、跟、同、与、及、或；而、而且、并、并且、或者；不但、不仅、虽然、然而、如果、因为、所以。介词依附在实词或短语前面共同构成介词短语，通常用于修饰、补充谓词性词语。介词常常充当逻辑成分，表明与动作、性状有关的原因、目的、方式和处所等。例如，因为、由于、为、为了、除了、对于、关于。在现代汉语中，副词是修饰限定动词和形容词，表示程度、范围、时间等意义的词。例如，更、更加、还、还是、只、仅仅、尤其等。在汉语篇章结构中，副词被用来表示子句之间的递进、顺承等关系。比如，“尤其”作为连接词可以表示子句间的递进关系，“再”可以表示顺承关系等。在上述词类中，连词在连接词中所占比例最高，其次是副词，介词比例最低。

4. 连接词的句法特性

作为连接词，在篇章中一般只起连接作用，不充当句法成分。如例 2.36 中的“不仅……而且……”，词语本身在句中对前后子句并不起修饰作用，只起到连接前后子句的作用。但也有既充当句法成分，也起连接作用的连接词，如例 2.4 中“浦东不是简单地采取‘干一段时间，等积累了经验以后再制定法规条例’的做法，而是借鉴发达国家和深圳等特区的经验教训……”的“不是”，在子句中既起否定作用，也对子句起连接作用。根据词的意义和所起的作用，对该类词做出判断也不难，此类连接词并不多。

5. 连接词的逻辑语义关系

一般连接词没有实实在在的意义，不像名词、动词、形容词具有一定的内涵，如“但是”“不但……而且……”“因为……所以……”等连接词，起到连接前后子句的作用，词语本身并无实际意义。但连接词本身可以表示一定的逻辑语义关系，如“但是”表示转折关系，“因为……所以……”表示因果关系，“不仅……而且……”表示递进关系等。在表示篇章结构逻辑语义关系时，连接词和关系类别并不是一一对应的，一个关系类别可以有很多连接词，如因果关系中可以包含“因为……所以……”“因此”“因而”“于是”等连接词。但一个连接词也可以表示多种关系类别，如连接词“而”可以表示并列关系，也可以表示转折关系。关于连接词的逻辑语义关系，本书 2.4.2 节中有详细的论述。

6. 其他连接词

汉语篇章中的有些连接词可以表示多个关系，如连接词“并”既可以表示并列关系，又可以表示顺承关系。在实际判断过程中，存在通过连接词对句意关系判断不明确的情况，一个关系可能同时是甲关系和乙关系，一个连接词同时表示多个关系，这类连接词被称为特殊连接词。这类连接词有“而”（例 2.40 列出“而”表示转折关系、并列关系等的实例）、“尽管……但……”（表示转折关系、让步关系）、“无论……还是……”（表示让步关系、并列关系）、“只要……就……”（表示假设关系、条件关系）等。

例 2.40　（A）a 外商投资企业的出口商品仍以轻纺产品为主，b 其中，出口额最大的是服装，c 去年为七十六点八亿美元。d **而**进口商品则以机械设备和工业原材料为主。（转折关系）

（chtb_0002）

（B）a 推动经济增长的主要因素是亚洲地区经济发展依然强劲有力，b 全地区经济增长速度将达到百分之七点九，c **而**中国增长速度可高达百分之九点七。（递进关系）

（chtb_0016）

（C）a 出口得到恢复，b **而**进口将会减少。（并列关系）

（chtb_0122）

（D）a 预计今年发展中国家经济增长百分之五点九，b **而**明年仅增长百分之四点九，c 比 10 月份的预计低了一点三个百分点。（顺承关系）

（chtb_0067）

（E）a 一九九七年，中国的人均储蓄存款超过三千元，b **而**二十年前每人每年平均才存二十元钱。（对比关系）

（chtb_0651）

2.3.2　隐式连接词的添加

根据连接词是否在篇章中出现，可以将连接词分为显式连接词和隐式连接词两类，连接词的添加是连接依存树表示体系中需要处理的主要问题。汉语隐式关系所占比例较大，Zhou 和 Xue（2012）的统计表明，隐式关系占 82%。本书将连接词作为关系表示和篇章树构建的纽带，因此，隐式连接词的添加非常关键。虽然汉语连接词缺省较多，但连接词的添加还是很有必要和可操作性的，因为汉语划分关系类别的原则是“从关系出发，用标志控制”（邢福义，2001），关系指子句之间或句子之间的相互关系，标志指联结子句或句子标示相互关系的连接词。关系属于隐含的语义范畴，理解起来有灵活性，而连接词则是一种客观存在的形式实体，因而可以成为客观标准。

例 2.41 中连接词“仅”“同时”“并”“因此”为篇章中出现的连接词，是显式连接词；连接词“但是”“如果”“那么”是添加上的连接词，为隐式连接词，用符号“< >”标示。

例 2.41　（A）a 现在，全国已有一千一百九十四个县（市）对外开放，|||b{仅}一类对外开放口岸便达二百二十二个。|c（同时），“八五”时期的对外开放在深度上也创下了历史之最，||d 过去

中国的对外开放主要是以商品贸易、技术引进及合资合作为主，|||e<但是>如今已开始向引进服务、引进现代资本运作方式等高层次迈进，|||| f（并）开始向海外输出资本，|||||甚至开始参与国际金融运作。

（chtb_0032）

（B）a<如果>东盟同中日韩加强合作，共谋发展，|| b <那么>将是举足轻重的力量。| c（因此），东亚首脑非正式会晤的举行对推动各国之间的合作，维护地区和全球安全，加速世界向多极化发展，具有重要意义。

（chtb_0052）

隐式连接词的添加不是随意的，添加上的连接词需要正确反映原始关系，下面详细介绍隐式连接词添加的依据。

1. 连接词添加的依据

添加连接词，首先要保证标点符号前后部分为子句，子句之间是隐式关系，缺少连接词。不是所有的隐式关系都可以添加连接词，如果前后关系无法确定，则无法添加连接词。确定所添加的连接词，首先要根据前后句意判断子句间的关系类别，只有关系确定了才容易找到相应的连接词，即使有时是凭借语感添加的连接词，潜意识中子句间的关系已经在添加前确定。添加连接词，必须按照先前划分好的层次，逐层添加，不能按子句从前至后添加。因为每一层可能不止一个子句，层与层之间的关系不同，关系是从高到低的，所添加的连接词管辖范围也有大有小，只有按照层次添加，才能体现出子句间清晰的脉络关系。下面以例 2.42 为例说明连接词的添加依据。

例 2.42　（A）a“八五”期间，广东电子工业优化地区布局。

（chtb_0033）

（B）a 他认为这是一次具有重要意义的会议，| b<因此>中国政府予以高度重视，|| c<然后，并>将派代表团出席会议。

（chtb_0281）

（C）a 中国气象局购买美国克雷公司的大型计算机，b<但是>克雷公司只卖给我们两台处理器。

（chtb_0040）

（D）a 随着中国经济的不断发展和对外开放的不断深入，外商来华投资热情很高，b <由此，并且>投资项目和金额增长十分迅速。

（chtb_0006）

（E）a 今年已新签海外工程承包及劳务合同五百八十六份，b< >合同金额二点六五亿美元。

（chtb_0059）

（F）a 国际货币基金组织 21 日在此间发表一份临时评估报告，b< >再次调低了它对今明两年全球经济增长速度的预测。

（chtb_0067）

例 2.42 中，（A）句逗号后面部分虽然是一个完整的句子，但前面部分不是子句，缺乏独立性，前面部分需要以后面的子句为支撑，整体才能表达完整的句意，因此中间都不能添加连接词。（B）句中 a 子句、b 子句和 c 子句句意完整，符合本书子句判断原则，a 和 bc 之间是因果关系，可以添加连接词“因此”，也比较符合汉语语感。（C）句中 a 和 b 之间是转折关系，可以添加连接词“但是”。

如果子句之间的关系既可以理解为甲关系，也可以理解为乙关系，则所能添加的连接词可以不止一个。对于有多种关系，可以添加多个连接词的情况，添加的方法是按照关系强弱依次添加连接词，最多可以添加 3 个连接词。如例 2.42，（B）句中子句 b 和 c 可以理解为顺承关系，添加连接词“然后”，也可以理解为并列关系，添加连接词“并”，按照语义关系强弱添加“然后，并”；（D）句前后可以理解为因果关系，添加连接词“由此”，也可以理解为并列关系，添加连接词“并且”。

并不是所有的子句之间都可以添加连接词，在找不到合适的连接词进行添加的情况下并不强行添加连接词，所添连接词可以为空。如（E）句中有 a 和 b 两个子句，有隐式的并列关系，但找不到合适的连接词进行添加，故可以不添加连接词，只是标注其语义关系。（F）句中子句 a 和子句 b 是解说关系，但也不好添加合适的连接词，因此也不强行添加。所以有些子句之间或句子之间根本就不用添加连接词，前后单位本身句意明晰、通顺流畅，添加反而使篇章显得啰唆、累赘。

其实，判断子句之间的逻辑关系，确定子句之间的关系类和添加连接词是相辅相成、相互影响的。如例 2.42 中的（C）句，可以理解为先判断其为转折关系，由此添加连接词“但是”，这是正常的判断思维；也可以说是从逻辑上感觉添加“但是”合适，然后转折关系自然而然就体现出来。其实二者之间的区别并不明显。但无论是哪一种模式，其判断的过程都是极快的，基于对母语的熟悉和敏感度，思维在大脑中瞬间就已完成。

2. 连接词添加的位置

根据 2.3.1 中连接词的特点可知，连接词的位置可以是子句的句首或句中，并且位于句首的居多。连接词添加的位置同样符合连接词出现的位置特点，如例 2.43。

例 2.43　（A）a 中国进出口银行聘请日本野村证券公司作顾问，b <然后>向日本著名的评级机构日本公社债研究所提出正式评级申请。

（chtb_0010）

（B）a<虽然>成交药品一亿多元，b<但是>没有发现一例回扣。

（chtb_0001）

例2.43中，（A）句单个连接词“然后”位于b子句的句首；（B）句中“虽然……但是……”成对儿出现，分别位于 a 子句和 b 子句的句首。

连接词所能添加的位置和连接词本身的活泼性有关。活泼性指连接词所能出现的位置。如果连接词所能出现的位置较固定，只能位于句首或句中，则其活泼性就较差，即较为稳定，其可被称为稳定型连接词。相反，那些既可以位于句首又可以位于句中的连接词活泼性就较强，就可被称为活泼型连接词。

不论所添加的连接词是在句首还是句中，都要确保句子语意连贯、没有歧义、语感流畅通顺。

3. 其他情况

连接词的添加是在子句间，但并不是所有的子句之间都可以添加连接词。以下几种情况不可以添加连接词。

（1）子句内部

由 2.2.2 可知，连接词的添加只能在子句与子句间，子句内部还包括子句内嵌的句子，不做切分，如例 2.44。

例 2.44　（A）a 据不完全统计，广西仅与西南三省一区（四川、贵州、云南省和西藏自治区）实施了一千多个协作项目。

（chtb_0008）

（B）a（随着）崇明海关办事处的设立，崇明县内的单位足不出岛就可以办理一切海关手续，b <而且>这对进一步改善崇明县的投资环境，加快吸引外资，方便快捷地办理海关手续，把崇明建设成对外高度开放的大型贸易港口，带动出口加工、航运中转等外向型经济的发展，将起到积极的作用。

（chtb_0007）

例 2.44 的（A）句中逗号后面不能添加连接词，前后共同构成一个完整子句的整体。（B）句中 b 子句内嵌的部分内部结构复杂，暂不做处理。

（2）特殊的标点

层次的划分和子句的切分只到逗号，往下不再做处理。连接词的添加是以层次为基础，低于逗号的也不再添加连接词。特殊的标点主要有顿号、引号，如例 2.45。

例 2.45　（A）a 使中国在吸引外资、引进技术、拓展市场及发展高科技等领域也面临激烈的国际竞争。

（chtb_0016）

（B）a 宋健说："如今，中国已能生产上万门数字电话程控交换机，b（而且）这种交换机的总设计师只有二十八岁，c 武汉大学毕业的。"

（chtb_0040）

例 2.45 中，虽然（A）句中"吸引外资""引进技术""拓展市场"都是完整的句意表述，但由于其连接标点是顿号，不是子句，因此无须添加连接词。（B）句"宋健说："不添加连接词，但"宋健说"并不是一个独立的子句，其说的内容在后面，前后才是一个完全的整体。

（3）逻辑关系不明确

例 2.46 中段落虽然能够划分层次，但前后子句关系不明确，在句意上联系不大，不容易添加连接词。

例 2.46　a 到去年底，全区各项存款余额达七十一点六三亿元，b 比上年同期增长百分之四十一点七八，c 其中，城乡居民储蓄存款为十九点三七亿元，d 比上年同期增长百分之四十八点二。（关系不确定）e"八五"期间各项存款比"七五"末净增五十亿元，f 年平均增长百分之二十七点四九。

（chtb_0005）

（4）特殊句式

有些句式从表面上看符合子句划分的要求，但都不是单独的子句，句意也不完整。这些情况不做层次切分，因此也不添加连接词。主要有：

①"据悉、报道、了解、有关部门说、介绍"之类的，还有与功能作用相似的"分析人士指出、尤为值得一提的是"等。

②表示时间的，如"在……期间、几年来、去年、1995 年"等。

③介词短语表示的句子，如“在……看来、除……外、自/从……以来/开始、包括……在内、……后、在……中、随着……”等。

④句子后面是以“的”字结尾的短语，可以理解为是伴随状语或“的”字的名词性短语，如“实行拍卖的，可减免有关税收”“出售给法人和社会自然人接受职工安置的，买断国有职工工龄的费用”。

⑤表示“某某人说”不单独作为一个子句，与后面说的内容临近层归在一层。

⑥表示“前者是……”即有某种评价关系的，“是”前面不当作一个子句，不再划分，如“产品、项目水平高，是该区的重要特点”。

2.3.3　显式连接词的删除

连接词的删除是针对篇章中的显式关系来说的，因为显式关系中的子句已带有连接词，需要判断其能否删除。通常连接词删除以后，不影响其所在子句的独立性。个别充当了主要句法成分（如谓语）的连接词被删除以后，可能影响其所在子句的独立性，这样的连接词一般是成对出现的，如例 2.47（A）句中的“不是……而是……”。

如果连接词删除后，句意没有发生变化，子句依旧独立成句、流畅通顺，不影响句子意思的完整表达，则可以删除，可删除的连接词用“( )”标示，不能删除的用“{ }”标示，如例 2.47。

例 2.47　（A）a 浦东{不是}简单地采取“干一段时间，等积累了经验以后再制定法规条例”的做法，b{而是}借鉴发达国家和深圳等特区的经验教训。

（chtb_0001）

（B）a 古老的京杭大运河如今（不仅）在贯通南北运输方面发挥重要作用，||b{而且}带动起一条欣欣向荣的工业走廊，|c <由此>形成了大运河经济带。

（chtb_0013）

例 2.47（A）句中的“不是……而是……”表示转折，都不能删，“不是”不仅是连接词，而且参与句子成分，在句意上表否定意思，如果删去，句子意思就会反转。“而是”如果删去，句子缺少过渡成分。（B）句中“不仅……而且……”也是成对出现的连接词，表并列关系。“不仅”可以删去，不影响句意表达，“而且”不能删去，因为“而且”删除后子句 a 和 b 的递进关系会消失。

首先，同连接词的添加一样，删除的连接词必须是表示子句之间连接关系的词。如果是子句内部，在句中只起连接前后部分的作用，则不是篇章连接词，不能删除。本书研究的篇章结构，如层次的判断、连接词的添加和删除、篇章主次单位的判断等，最小的单位都是子句。如例 2.48 中的“和”是一个连词，但只连接该子句内部，其连接范围不在子句与子句间，这种情况下的“和”不属于篇章连接词，因此不考虑其能否被删除的情况。

例 2.48　a 随着俄罗斯国内对工业品需求向中高档方向发展**和**国内经济形势的逐步稳定，天津市众多的“三资企业”产品正在积极寻求进入俄方市场。

（chtb_0035）

其次是根据句意。其实连接词的删除和添加的共同之处是依据句意，需要看原来句意是否完整，子句间关系是否改变，但句意是个抽象的概念，不好直观表述出来。

2.4　篇章结构关系

篇章关系分析是篇章结构分析的基本任务。对于篇章关系表示，一般的做法是直接给出并列、转折、因果等抽象关系类型，如图 1.1。连接依存树的表示形式并不直接在树形图中给出这种抽象关系，而是用连接词直接表示篇章单位间的篇章关系。比如图 2.2，“没……学历”与“没……经验”之间的关系为“既……又……”，二者进一步组合后与“张三才 30 出头”构成“才……而且……”关系（对于篇章关系的抽象概括，本表示体系将建立另外的篇章关系对应模块单独处理，见 2.4.2 节）。因此，连接词本身既可表示篇章关系，又可避免篇章关系判断中抽象分类与判断的分歧，从而可获得高度一致的汉语篇章结构表示。

2.4.1　篇章结构层次化及判定

篇章结构是一种层次化的树形结构，其中叶子节点为子句，连接词居于不同层级的内部节点上。直观上，篇章结构分析可被看成是各个连接词的不同层级地位的分析；本质上，连接词的不同层级地位反映的是篇章单位的组合层级。结构分析是篇章分析的重要任务，连接词的层级、篇章关系及篇章单位主次地位等都依赖于篇章层次结构的确定。篇章的层次结构本质上反映的是篇章单位间语义关系的紧密程度，表现为子句之间组合的先后顺序。如例 2.4 中第三句话的子句 i 和子句 j 的关系比较紧密，首先组合；子句 ij 的组合又和子句 k 比较紧密，进而组合；h 和 ijk 的组合比较紧密，再组合。依次根据紧密程度，可得到图 2.3 虚框中第三句话的结构子树。

由图 2.2 和图 2.3 可知，篇章结构是一种层次化的树形结构，其中基本篇章单位居于最低节点，连接词居于不同层级的高层节点。直观上，篇章结构分析可看成是对各个连接词不同层级地位的分析，本质上，连接词的不同层级地位反映的是篇章单位的组合层级。结构分析是篇章分析的核心任务，连接词的层级、篇章关系及篇章单位主次地位等都根据篇章层级结构确定。

篇章结构的构建可采用从下到上的组合策略，也可采用自顶向下的切分策略。在篇章结构层次分析中，笔者采用了自顶向下的切分策略。这种策略是在结构分析中自然选择的，它可能更符合人的普通结构认知方式，也更符合汉语的结构认知特点。这种策略可以使分析者尽量避开子句的定义与切分困扰，从而获得一个比较可靠的宏观篇章结构。

篇章的层次结构本质上反映的是篇章单位间语义关系的紧密程度。篇章单位的关系越远，其结构的层级地位越高；关系越近，其结构的层级地位越低。通常可以借助标点、词汇、句法等形式特征对篇章单位间语义关系的远近及结构层次进行判定。篇章层次例子中用“|”的个数表示所在的层次。具体判定方法有以下几种。

第一，利用标点符号的层级地位进行篇章结构分析。首先，可根据句末点号（如句号、问号等）和句内点号（如逗号、分号）的差别区分出句间分析和句内分析。在自顶向下的分析中，通常先进行句间分析，然后再进行句内分析。其次，可根据句内标点的层级地位（一般是分号高于逗号），进行复句内子句的层级分析。比如例2.49（A）段，可首先在句号间进行句子的层次切分。进而，在（A）段第二句内，可根据分号与逗号层次判定子句间的结构。不过，标点符号的层次作用只是辅助性的，根本上还需凭借句间关系来分析篇章结构。这是因为，一方面，同样的标点符号（如逗号、句号）所切割的篇章单位地位不一定相同；另一方面，在实际篇章中，标点符号也不一定完全按照既定的层级顺序使用，如例2.49（B）段中，分号间的层次就低于某些逗号间的层次。

第二，利用篇章单位的词汇关系进行篇章结构分析。语段间有相同、相近或相对等关系的词语，意味着相关语段的关系可能比较密切。如例 2.49（A）段中，第二、三和四句的首子句中“建立”“基金”“资金”“基金和资金”等词汇间的相同、相近或包含关系，对于判定它们之间的关系紧密程度及层次是有帮助的。

第三，利用篇章句法结构的异同进行篇章结构分析。语段的句法结构相同、相近，意味着语段关系可能比较密切。比如例 2.49（A）段中第二、三句中，子句“建立……”动宾句法结构的运用，例 2.49（B）段中 a、b 子句中“举行了”和“对”句法结构的运用，均对判定相关句子间的层次结构有所帮助。

第四，利用连接词的管辖范围进行篇章结构分析。如例 1.2 中，根据“既……又……”“才……而且……”这些配合使用词语的所在位置，可以较清晰地判定子句 a、b 和 c 之间的层次关系。

例 2.49　（A）a 广东省各级政府近几年不断加强对科技的投入，|| b 初步建立起多层次、多渠道的科技投入新体系。| c 广东省建立了自然科学基金，|||d 每年投入在一亿元以上；||e 省级用于新产品开发等科技三项经费每年以百分之十的速度增长，|||f 高于全省财政收入的增长速度。|g 近年来，该省{又}建立了成果转化科技风险资金、科技创业投资资金和高新技术产业发展资金，|||h 一些市、县{还}设立科技发展基金等。||i 这些基金和资金的投入，有力地支持了省重点实验室和各工程技术研究开发中心的建设，|||g <并> 促进了科技成果的产业化。

（chtb_0084）

（B）a 今年以来，联合国开发计划署在中国吉林，举行了图们江地区国际旅游会议，||b<以此>对中国长白山冬季冰雪旅游等项目积极支持；|c（同时）{还}出资在这里培训国际经贸人才。

（chtb_0049）

这里需要特别说明篇章结构与连接词层级的关系。如图 2.2 所示，表面上篇章结构表现为连接词的不同层级地位，但本质上连接词的不同层级地位反映的是篇章单位的组合层级。所以篇章结构分析的根本任务是分析篇章单位的组合层级。连接词的层级分析虽然可以促进篇章结构分析，但并不意味着篇章结构分析必然依赖于连接词的层级判定，甚至可以由连接词的层级或管辖分析代替。在结构分析过程中，分析者自然地选择的分析流程是先进行结构分析，然后才把相应的连接词挂靠到其所归属的层级上。该操作流程反映的本质是，通常连接词的层级判定依赖于篇章单位的层级判定，而不是相反。

还有一点值得指出，正因为篇章结构的构建不依赖于连接词的层级或管辖来确定，所以总能构造出篇章的完全结构树。在这一点上，本书和同样采用了基于连接词思想的 PDTB 体系有着根本不同，PDTB 体系的篇章结构完全由连接词的管辖而定，篇章结构是隐含的；又因为其对隐式关系分析不完全，所以一般情况下在 PDTB 体系中看不到一棵完整的篇章结构树，当然 PDTB 体系可能也没有以构造一棵完整的篇章结构树为目标。所以虽然本书和 PDTB 体系一样利用了连接词的管辖来表示篇章的层级地位，但二者的宗旨和结果有着质的不同。

2.4.2 篇章关系类别及判定

通常情况下，一个连接词表示一种篇章关系，但也存在个别连接词有歧义或多义的情况。比如，“于是”可能表示顺承关系，也可能表示因果关系。而在一个具体篇章中，可能存在“于是”仅表示其中一种关系的情况，也可能存在“于是”同时表示两种关系的情况。对于一个连接词对应多种篇章关系的情况，可以按照一般的词义排歧方法进行处理，也可以对连接词标注语义进行区分。值得指出的是，由于连接词的层级管辖判定和篇章关系表示判定被当作两个相对独立的任务，无论连接词是否多义，表示何种意义等，均不会影响篇章结构本身的标注。

图 2.12 给出了本书初步拟定的篇章关系体系，此关系体系在构建时借鉴了汉语复句、汉语句群、RST 和 PDTB 体系的理论成果。根据子句间的意义关系分类，连接词可以被分为四大类：因果类、转折类、并列类和解说类。每一类内部又可以细分为不同的关系类型。因果类包含因果关系、推断关系、假设关系、目的关系、条件关系、背景关系六种关系；转折类包含转折关系和让步关系两种关系；并列类包含并列关系、顺承关系、递进关系、选择关系和对比关系五种关系；解说类包含解说关系、总分关系、例证关系和评价关系四种关系。共 17 种关系。每一种关系类型都包含若干连接词，有些连接词可属于不同的关系类型。

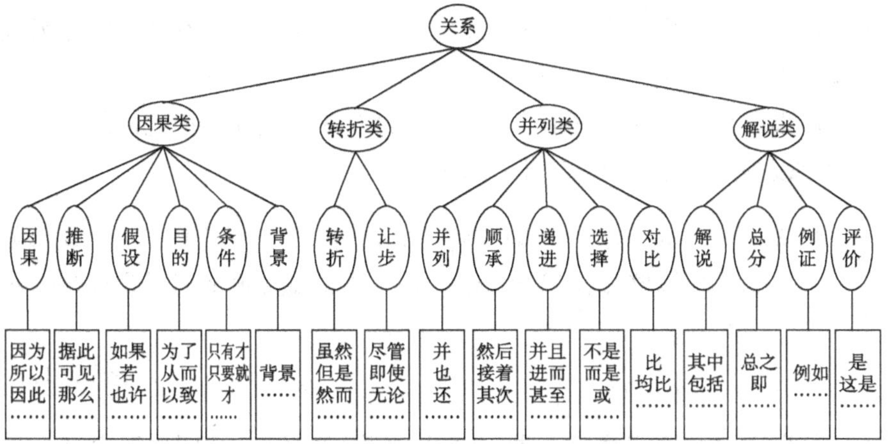

图 2.12　基于连接词的篇章关系体系

从级别上说，因果类等四大类是一级类别，因果关系、并列关系、转折关系等 17 种关系是二级类别。四大类只是为一个大群划分出一个范围，因果关系、并列关系、转折关系等 17 种关系是具体的关系类型，二级类别下可以根据需要再划分三级类别。原则上，篇章关系的层级和类别都不是封闭的，均可根据具体应用目的或情况进行增加或调整。篇章结构和篇章关系的分开，使得基于连接依存树的汉语篇章结构表示体系具有广泛而灵活的适应性。下面详细介绍本书给出的篇章关系类别。

1. 篇章关系类别

四大类共有 17 种具体的篇章关系，理解篇章关系定义才能更好地分析篇章。小类的划分以子句间的关系为主要依据，除了语义方面，另一个重要原则是注重形式，以联合子句间形式标记即关联词为辅助手段加以分类。以下是对每一种篇章关系的定义及相应的释例，用“[ ]”表示关系类别。

（1）因果类

反映各种各样的子句之间的因果聚合（参考汉语复句、汉语句群和

RST），因果类子句组成成分间地位不平等，各关系都有广义的原因或结果因素。

因果关系。一部分表示原因，另一部分表示由原因引起的结果。前后项可以是原因也可以是结果，如例 2.50。

例 2.50　a 但{**因为**}中国经常收支顺差，||[递进]b 而且有一千多亿美元的外汇储备，|[因果]c<所以>将不会像其他亚洲国家那样陷入危机。

（chtb_0122）

推断关系。推断关系是推理性因果关系，句中一部分提出理由或根据，另一部分是从理由或根据推出的结论，如例 2.51 是由因推果，例 2.52 是由果推因。

例 2.51　a 这种芯片在信息通信以及数字化家用电器中应用前景十分广泛。|[推断]b 预计到 2003 年，全世界超大规模集成电路芯片市场将达到 1 万亿日元（约合 75 亿美元）。

（chtb_0757）

例 2.52　a 领导很看重他，|[推断]b{可知}他确实有能力。

（邢福义和汪国胜，《现代汉语》：263）

假设关系。一部分提出假设，另一部分表示假设实现后所产生的结果或不因假设实现而改变的结论，如例 2.53。

例 2.53　a{**若**}不是货车上那位重伤者爬出来告诉救援人员，|[假设]b 伤亡将会更为惨重。

（chtb_0687）

目的关系。子句之间有行为和目的关系，行为具有主观意图性，如例 2.54。

例 2.54　a 进出口银行决定先在日本取得信用评级是为进入国际资

本市场融资创造作准备，||[目的]b<以便>扩大资金来源，|||[并列]c<并>支持中国机电产品和成套设备出口。

（chtb_0010）

条件关系。句中一部分提出某种条件，另一部分推导出相应的结果，如例 2.55。

例 2.55　a 评论指出，{**只有**}尊重朝鲜的社会主义制度，|| [并列]b <并>取消对朝鲜的不当制裁，|[条件]c 朝鲜半岛的和平与稳定{**才**}能得到保障。

（chtb_0653）

背景关系。前项交代事件的时间、地点、场景、人物等背景，后项叙述事件的内容，如例 2.56。

例 2.56　a 大连是中国常驻外商最集中的城市之一，[背景]|b 目前已有外商投资企业五千二百二十六家，|||[并列]c 合同金额一百五十八点一亿美元，|||[并列]d 协议外资金额八十二点七亿美元，|||[并列]e 实际利用外资三十一点六亿美元。

（chtb_0026）

（2）转折类

反映各种子句之间的转折聚合关系，转折类子句组成成分间地位不平等，强调意义的翻转，包括转折关系和让步关系。

转折关系。前后项以某种客观存在的事实为前提，意思相反或相对，即后项不是顺着前项的意思说下去，而是突然转成同前项的意思相反或相对的说法，如例 2.57。

例 2.57　a 中国尚无具体统计，| [转折]b{**但**}中国糖尿病人数正以每年七十五万新患者的速度递增。

（chtb_0057）

让步关系。子句间具有让步转折关系，前一子句用表示让步的词语，表示先让一步，预示后面将有转折，如例 2.58。

例 2.58　a{尽管}她的动作潇洒自如，|[让步]b{但}难度无法与罗莉相比，||[因果]c<因此>只获得 9.875 分，夺得银牌。

（chtb_0310）

（3）并列类

并列类反映各种各样的子句之间的并列聚合，各子句之间地位是平等的，可以从子句组成成分的数量、次序、意义关系方面进行定义（参考汉语复句、汉语句群和 RST）。

并列关系。并列项是叙述相关的几件事情或同一事物的几个方面，相关是在意义上并存、平行或对立。并列项可以是词、短语，也可以是句子。并列项可以互换位置，并列项在逻辑上不相互依赖。比如例 2.59 中，各子句间是并列关系。

例 2.59　a 重庆位于四川盆地东南部，|[并列]b 东西宽二百零八公里，|[并列]c 南北长二百二十公里，|[并列]d 市区坐落于长江、嘉陵江交汇处的山丘坡地上，|[并列]e 市域面积二万三千一百一十四平方公里。

（chtb_0144）

顺承关系。表示前后句子或子句按时间、空间或逻辑事理上的顺序表达连续的动作或相关的情况。它们之间有先后相承的关系，各子句间次序不能随意改变，如例 2.60。

例 2.60　a 一九六四年，金川公司产出第一批电解镍。| [顺承]b 从此以后，逐步改变了中国镍、钴及铂族金属长期依赖进口的局面。|| [顺承]c 如今，这里已成为中国最大的镍钴生产基地和铂族金属提炼中心，|||| [并列]d<并且> 镍和铂族金属产量分别占全国的百分之八十八和百分之九十以上，||| [因果]e <因此>被誉

为中国的“镍都”。

（chtb_0068）

递进关系。后项的意义比前项的意义更进一层，一般由少到多，由小到大，由轻到重，由浅到深，由易到难。强调程度的加深，如例 2.61。

例 2.61　a 进入 12 月以后，欧佩克原油价格跌破了每桶 10 美元大关，| [递进]b（**而且**）仍在一路下滑。

（chtb_0705）

选择关系。选择项分别表述两种或几种可能的情况，从中选择，如例 2.62；或选定其中一种，舍弃另一种，如例 2.63。

例 2.62　a 还有一些国际投机资本，混入经常项目汇入境内，| [选择]b{**或**}入境内股市炒作，| [选择] c {**或**}在中国境内购买假报关单购汇套取汇差。

（chtb_0137）

例 2.63　正规的传销公司不会要求加入者一定要一次买足大量的货，| [选择]{**或**}是缴交昂贵的入会费。

（chtb_0590）

对比关系。对比关系是两种事物或一个事物的两个方面相互进行比较，如例 2.64。

例 2.64　a 据《中国青年报》报道，深圳姑娘嫁往香港最多的一九八八年是一千零六十九人，| [对比]b{**而**}今年一至十一月份仅有二百九十九人。

（chtb_0717）

（4）解说类

反映各种总分或解释关系，各子句之间地位是平等的，是对某一事物的解释、说明（参考汉语句群理论），主要有解说关系、总分关系、例证关系和评价关系。

解说关系。一般指后项对前项或前项中的某些词的解释、说明、补充，如例 2.65。

例 2.65 a 中国进出口银行最近在日本取得债券信用等级 AA–，|[解说]b 这是日本金融市场当前对中国银行的最高债券评级。

（chtb_0010）

总分关系。分说句是对总说句的某些实体词的分开解说。分说句至少包含两句以上或是其中的某一方面，如例 2.66。

例 2.66 a 经过三年的试点，可转换债券的发行方式和特征被国内所接受，||| b 今后借债主体将根据自身特点和市场需求在可转换债券、债券及银团贷款等方面进行选择，优化融资结构；|| c 有序开展发行无追索或有限追索权的项目融资债券，ABS 等，||| d 从而化减金融机构对外借债的压力，|||| e 推进项目管理国际化、科学化、透明化。|[总分] f{**总之**}，我们会积极利用国际上有益的各种融资方式，整体上降低我们融资的成本，|| g 化减我们的金融风险。（分说句包括两个方面）

（chtb_0132）

例证关系。前后子句是被证句的关系与例句的关系，例句是对被证说句的证释，如例 2.67。

例 2.67 a 重大科技成果迅速转化为现实生产力，是这个开发区的突出特点。|[例证]b 由浙江医科院院长、中国科学院院士毛江森主持在世界上率先研究成功，并具有国际先进水平的甲肝减毒活疫苗，去年经卫生部批准正式投入生产和使用，|| c 目前该区生产此疫苗的普康公司已形成年产五百万人份的生产规模，||| d 这对有效地控制甲肝流行具有重大意义。

（chtb_0011）

评价关系。评价句是对被评价句所陈述的内容的评价，一般表明其作用或地位，如例 2.68。

例 2.68　a 取名为“倍顺”的两家便民超市今天在此间开张营业。||[评价] b 它标志着美国大型跨国集团必纯士公司占有六成股份的厦门福兰普利超市有限公司正式启动。

（chtb_0124）

2. 篇章关系的判定

在进行篇章关系判定过程中，会遇到一些问题，导致无法准确判定。问题主要有主观和客观两个方面。针对不同的问题需要采取不同的解决方法。

（1）篇章关系判定的难点

篇章关系判定中的标注工作是个人对于关系判定的结果，个人主观意志的差异就会造成结果的不同，如思考角度不同、个人对篇章关系理解的偏差等。

主观因素之外，客观因素也不容忽视。首先，对汉语篇章关系类别的研究是一个不断完善的过程，由于现有的研究结果有限，篇章关系类别及定义还不够完整，因此在具体的关系分析中难以形成准确的判断。从上文对篇章关系的辨析中即可发现并列关系是一个相对松散的类别，在实际标注过程中很难把握，这就需要在大量的实践基础上丰富对其的认识。

例 2.69　a 这位官员说，国家同时也要引导外资投向新技术、新产品以及中西部地区的医药项目，| [目的] b {**以此**}带动民族医药企业提高产品的技术含量，|| [并列] c <并>增强国家市场竞争力。

（chtb_0121）

如例 2.69，通过分析，抽取关键词得到“提高技术含量”和“增强市场竞争力”，其结构表明子句之间的结构相同，符合并列关系的结构，就其表层结构关系来说是并列关系，但从深层分析其语义整体来看这一语段，能分析出“提高产品的技术含量”的目的是“增强国际市场竞争力”。

另外，篇章中各子句之间的逻辑语义关系多数都为确定的一种，但也存在多种关系的情况，这就给篇章关系的判定带来一定的困难。

（2）判定方法和依据

篇章关系判定的总的要求就是以各种关系定义为依据。关系分类是汉语篇章结构分析的重要内容，在篇章结构分析时，要先将篇章关系进行整理分析，这样才能更好地进行分析工作；要理解并掌握各种关系的定义，把握每种关系的特征和实质。在形式上，篇章关系有连接词则关系容易判定，但实际操作过程中占绝大多数的是没有连接词的隐式篇章关系，因此，根据关系定义来判定是根本方法。

如果没有连接词，那么就可以采用添加连接词的方式来确定子句之间的关系。例 2.70“扰素已经上市”的结果是“为中国一点二亿乙肝病毒携带者带来福音”，所以可以添加表示因果关系的连接词。

例 2.70　a 扰素已经上市，| [因果] b <从而>为中国一点二亿乙肝病毒携带者带来福音。

（chtb_0040）

如果在句中找出关键性的词语，需要找出其内在的联系，如例 2.71。

例 2.71　a 国家医药管理局一位官员说，从今年起要逐步增加对创新药物研究的资助，| [并列]b 国有资本要以高技术领域和创新医药产品为投资重点。

（chtb_0121）

在对例 2.71 进行分析的过程中，句子有可能被理解为因果关系，但是找到两个子句的中心词——前子句中为“资助”，后子句中为“投资”——后发现，“资助”和“投资”存在着差异。这说明两子句之间是相互区别的，是在叙述事物的两个方面。所以在语篇中，前后子句之间的关系的判定，可以通过判定句中中心词的关系来解决。

判定篇章关系也可采用类比法，上文中已说明“不是……而是……”是并列结构，运用类比的方法对例 2.72 进行判别，子句 a 和子句 b 容易被误判为选择关系，但是观察之后会发现，前后项之间并没有选择关系，连接词“不是……而是……”和例句中的“不应该……而应该……”类似，应该属于同一种关系。

例 2.72　a 报告说，{**不应该**}把中国经济的高速增长看成是一种威胁，| [并列]b{**而应该**}视之为有助于促进亚太地区充满活力发展的积极因素。

（chtb_0166）

在篇章关系的判定过程中，标点对于关系判定也有很重要的作用，尤其是在并列关系中的分号起到的标记作用。分号的出现，表示前后两子句间是一种并列关系，添加的连接词一般是表示并列的“并且”“同时”等。这也是由分号的作用决定的，分号本身就表示前后两者的并列关系。

例 2.73　a 统计资料显示，过去五年广西对外贸易和利用外资规模迅速扩大，|| [解说]b 进出口贸易额累计达到一百亿美元，|||[总分]c 其中出口六十八点七亿美元，||||[并列]d 分别比“七五”时期增长一点七八倍和一点四三倍；|[并列]e 实际利用外资累计达到三十三点二四亿美元，||[并列]f 占改革开放以来累计总额三十八点三九亿美元的百分之八十四点四；|[并列]g 边贸成交额一百二十四亿元。

（chtb_0008）

篇章中的连接词具有标记关系的作用。除了连接词之外，有些词语也对关系判定有辅助作用。例 2.74（A）段中的“预计”一词表明两子句之间是推断关系。（B）段中“这些”指代上文中分说的各个因素，因此前后项是分总关系。

例 2.74 （A）a 据中国海关统计，一九九五年两国贸易额已达一百六十九点八亿美元，|||[并列]b 比前年增长百分之四十四点八。||[推断]c 经济专家预计，今年中韩两国贸易额将增至二百五十亿美元。

（chtb_0014）

（B）a 证券分析员说，{由于}一九九六年香港地产大幅升值，|||[因果]令深港两地地产价格差距拉大，||||[并列]随着回归临近，深圳地产开始回升，||||[并列]而在深港联运方面也有较大发展空间，|[因果]这些因素为“深业控股”提供了良好的盈利环境。

（chtb_0147）

2.5 篇章单位主次性

连接词所连接的篇章单位，根据重要性可被分为主要篇章单位和次要篇章单位。图 2.3 中，箭头所指向的内容为主要篇章单位。篇章单位重要性的判断离不开篇章全局，在单纯一个关系中往往难于判断两个篇章单位哪个更重要。比如因果关系，可能是“结果”重要，也可能是“原因”重要，究竟哪个更重要需要根据全局重要性来判断。篇章单位主次性的一般判断标准是，能代表所在整体与外界发生关系的篇章单位为主要篇章单位。

本书所讲的篇章单位主次性主要侧重于段落内部句子或子句之间，并没有考察段落之间的主次关系。段落之间的主次关系，可以被认为是本书中研究的延续，其详细内容读者可参看褚晓敏、朱巧明和周国栋（2017）的自然语言处理中的篇章单位主次关系研究：首先，他们分别从两个角度（微观、宏观）和三个方面（理论体系、语料资源和计算模型）详细阐述了篇章单位主次关系的研究现状；其次，他们分析了篇章单位主次关系研究存在的问题，并提出基本研究思路；最后，他们归纳出篇章单位主次关系未来的一些研究方向。在褚晓敏、朱巧明和周国栋（2017）给出的篇章主次关系语料上，蒋峰等（2018）进行了基于主题相似度的宏观篇章主次关系识别方法研究，提出了一种基于 word2vec 和 LDA 的主题相似度的宏观篇章主次关系识别模型。基于 word2vec 的主题相似度和基于 LDA 的主题相似度在不同维度上计算语义相似度，两者在语义层面上形成互补，因而增强了模型识别宏观篇章主次关系的能力。

2.5.1　篇章单位的主次区分

篇章单位的主次区分还与语序有关，通常汉语的主要篇章单位在后，次要篇章单位在前（见图 2.2、图 2.3 中主、次篇章单位与语序的关系）。在同一篇章关系中，篇章单位的主次地位可能因语序变化而发生变化。比如在因果关系中，因、果项语序的颠倒，可能导致原因项成为主要篇章单位。

篇章单位的主次区分对于篇章结构分析应用于自动文摘等系统有重要作用。例如，如果仅选一个句子作为例 2.3 的摘要，最大可能是选择图 2.2 中最低层、最右端的子句，“领导总是把一些重要的任务交给他”。

一个汉语篇章关系一般包含两个篇章单位，这两个篇章单位是在同一个关系层中被划分出来的。例如，因项和果项是根据因果关系划分出来的篇章单位，而因果关系层的中心是这两个篇章单位中能概括它所在关系层主旨的一个篇章单位，又叫作单中心。但是在并列关系中，篇章单位可以有多个，并列关系的中心可能会由一个或多个篇章单位来充当，即并列关系的中心可能是单中心，也可能是多中心。

例 2.75 中篇章结构的中心用“*”表示，“*”在“|”后，这表明“省政府热忱欢迎并鼓励外国公司参与”是（A）段第一层关系的中心，并且是单中心。（B）段第一层关系的前篇章单位和后篇章单位是

并列关系，但是根据后篇章单位能概括出这段话的主旨“四川鼓励外国公司参与股份制改革”，并且与下文联系更紧密，这一关系层的中心应该是后篇章单位。

例 2.75　四川鼓励外国公司参与股份制改革

（A）a 据介绍，四川省计划近期内开始充分利用资本市场以及省内上市公司的“壳资源”，|||[目的]*b 对弱势企业进行并购和重组，|||[并列]*c 扩大优势企业的规模，|[并列]*d 省政府热忱欢迎并鼓励外国公司参与。

（chtb_0708 第 2 段）

（B）a 四川是中国西部经济发展和对外开放较好的一个大省，*|[并列]*b 也是中国最早开展农村改革和企业改革的地区。

（chtb_0708 第 3 段）

“四川是中国西部经济发展和对外开放较好的一个大省”和“也是中国最早开展农村改革和企业改革的地区”也是并列关系，语义上是从两个不同方面对四川省经济发展做出的评价，并且分别与文章主题中“外国公司”和“改革”相照应，因此这两个篇章单位都是这一关系层的中心，属于多中心。

在汉语篇章中，一般情况下，每个关系层总是存在一个句子或子句能够概括它所在关系层的主要内容或意图，并且与上下文联系较紧密，能照应整个篇章的主旨，这个句子或子句便是篇章结构的中心。从汉语篇章单位主次的定义来看，它有三大特点和功能。

第一，能够概括它所在关系层的主要内容或意图。比如例 2.75 中“省政府热忱欢迎并鼓励外国公司参与”是第一层关系的结构中心，它把整段话的主旨——“四川鼓励外国公司参与股份制改革”概括了出来。

第二，与上下文联系紧密。比如例 2.75 中，（A）段第一层关系的结构中心“省政府热忱欢迎并鼓励外国公司参与”比“四川省计划近期内开始充分利用资本市场以及省内上市公司的‘壳资源’，对弱势企业进行并购和重组，扩大优势企业的规模”与下文“四川是中国西部经济发展和对外开放较好的一个大省”的联系紧密程度更大。

第三，照应整个篇章的主旨。比如例 2.75 中，（A）段第一层关系的结构中心“省政府热忱欢迎并鼓励外国公司参与”与该例中“四川鼓励外国公司参与股份制改革”的主旨相符合。

2.5.2　篇章单位的主次判定

在判定篇章结构中心时，判定结构中心的原则有局部原则和全局原则。局部原则是指能够概括它所在关系层的主要内容或意图，并且与上下文联系紧密，这两个条件是缺一不可的，主要适用于比第一层关系低的关系层；全局原则指判定的篇章单位均符合局部原则时，需要结合文章的主旨来判定，此方法主要适用于第一关系层。见例 2.76。

例 2.76　新中国方志修纂体系初步建立

（A）a 改革开放二十年间，中国的方志修纂工作出现了前所未有的繁荣景象。

（chtb_0710 第 1 段）

（B）a 据中国历史文献研究会副会长、知名方志学家、浙江大学教授仓修良介绍，中国在不到二十年的时间里就出版了新修志书三千多种，*||[解说]b 其中新修的县志就达一千九百多种，*|[并列]*c 并在全国形成了拥有二万多名专职修志人员、四万多名兼职修志人员的编纂队伍。

（chtb_0710 第 2 段）

（C）a 中国的方志修纂已经有二千多年的时间。*|[并列]b 方志具有“存史、资治、教化”的功能，*||[因果]c 为历代统治者所重视。

（chtb_0710 第 3 段）

在例 2.76 的（B）中“中国在不到二十年的时间里就出版了新修志书三千多种”是（B）段第 2 关系层的中心，符合概括它所在关系层主要内容和紧密联系上下文的要求；而“其中新修的县志就达一千九百多种”，从“其中”这一连接词得知“新修的县志”是包含在“新修志书”中的，不具有概括性。这一关系层中心的判定符合局部原则。

（C）段中的“中国的方志修纂已经有二千多年的时间”和“方志具有‘存史、资治、教化’的功能，为历代统治者所重视”均提到方志，都和文章主旨“新中国方志修纂体系初步建立”有关，前篇章单位是从时间上来介绍方志的，后篇章单位是从功能上来介绍方志的。但是从上下文的联系紧密程度来看，方志的功能则显得不太重要。“中国的方志修纂已经有二千多年的时间”这句话侧面隐含了虽然修纂时间长，但是并未建立“修纂体系”，这一篇章单位和文章主旨更贴近。这一关系层中心的判定符合全局原则。

1. 主次判定的依据

篇章单位主次的判定并不像现代汉语复句那样没有中心句，它依据句子间的关系来判定复句中心。在现代汉语中并列复句和顺承复句是没有中心句的，而在篇章结构主次判定中不存在此类情况。是否是篇章结构中心并不是依据篇章关系来判定的，而是主要依据上下文和整篇文章的主旨。

在例 2.77（A）段中，“带动起一条欣欣向荣的工业走廊”和“形成了大运河经济带”这两个子句的句间关系是并列关系，是没有中心句可言的。但是在篇章结构中心判定中，从这两个子句与这篇文章的主题“中国京杭大运河经济带迅速崛起”联系紧密程度来说，“形成了大运河经济带”与主题联系紧密，照应了主题；从上下文的联系紧密程度来说，“形成了大运河经济带”与（B）段中的“京杭运河古来繁华，两岸商贾云集，贸易发达”一句联系比较紧密。更重要的是，“形成了大运河经济带”这一子句能概括这一整段的意思。因此，对篇章结构中心的判定并不是依据句间关系，而是依据上下文和整篇文章的主旨。

例 2.77　中国京杭大运河经济带迅速崛起

（A）a 古老的京杭大运河如今{不仅}在贯通南北运输方面发挥重要作用，||[并列]*b{而且}带动起一条欣欣向荣的工业走廊，|||[因果]*c 形成了大运河经济带。

（chtb_0013 第 1 段）

（B）a 京杭运河古来繁华，|||[并列]b 两岸商贾云集，|||[并列]c 贸易发达。|[背景]*d 随着中国对大运河的整治，运河航道状况得到极大改善，||||[因果]*e 许多企业纷纷看好这条“黄金水道”，*||||[解说]f 积极在此投资建厂，|||||[并列]g 沿河企业星罗棋布。*||[例证]h 据初步统计，仅运量在万吨上的企业就有二千多家，|||[递进]*i 小的乡镇企业则不计其数。

（chtb_0013 第 2 段）

篇章关系对篇章结构中心的判定也是有一定影响的。比如，两个篇章单位之间的篇章关系是例证关系，必然有一个是结论项，一个是例子项。例子项是为结论项服务的，是为了补充说明论点的。因此，在例证关系的两个篇章单位中，结论项是中心。

在例 2.78 中，第一关系层中的两个篇章单位之间是例证关系，由“如”字引出的例子项目，是为了例证“北仑港的兴起，还带动了当地一些地方企业的发展”这一论点，因此，该论点便成为第一关系层的中心。

例 2.78　a 北仑港的兴起，还带动了当地一些地方企业的发展。*|[例证]b(如)宁波海天机械制造有限公司原来是一个不起眼的作坊，||[对比]*c<而>他们借助港口的便利条件，*||||[并列]*d<并>不断开发出口新品进入美国、西班牙、希腊、澳大利亚等二十多个国家，|||[因果]*e<因此>目前已成为中国特大注塑机专业制造公司，*||||[并列]*f<并>列中国机械部大中型企业综合指数百强之首。

（chtb_0074 第 4 段）

不仅篇章关系会影响篇章结构中心的判定，而且相邻的两个关系层中上一层关系对下一层关系中心的判定也有一定的影响，即父关系对子关系中心的判定有一定的影响。将例 2.78 的篇章关系及其中心转化成树状图更容易明白父关系对子关系中心判定的影响。例 2.78 的篇章关系及其中心树状图如图 2.13 所示。

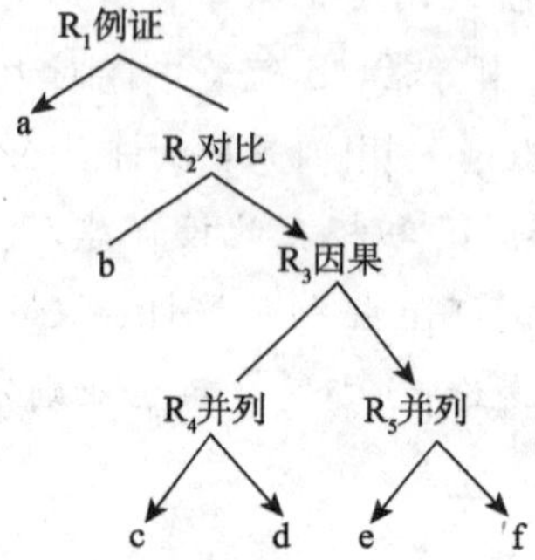

图 2.13　例 2.78 篇章关系及其中心树状图

图 2.13 中结论项 a 和例子项 b、c、d、e、f 属于第一层关系，它们之间的关系 R_1 是例证关系，篇章单位 b 和篇章单位 c、d、e、f 属于第二层关系，它们之间的关系 R_2 是对比关系。R_1 和 R_2 相比，R_1 是父关系，R_2 是子关系。在第一层关系中结论项 a 是中心，第二层关系的中心必须是和 a 的联系程度更紧密的篇章单位。转折前项 b 和转折后项 c、d、e、f 相比，b 更能说明论点 a。在这里，父关系的中心 a 决定子关系的中心。

判定一段话中每一层关系的中心是需要客观依据的，但作者主观性的侧重和连接词也是判定汉语篇章单位主次的依据。

在判定篇章结构单位主次时，作者的意图也很重要。从结构形式和逻辑意义角度出发，例 2.79 是在姓氏、属相、年龄、外表、内在品质等方面对这个少年所做的叙述，从这个层面上讲，这些子句都应是并列的，是同等重要的。但是作者用了“也”“却”这两个连接词，可见作者主观上的侧重点是在第一层关系的后篇章单位 c、d、e 和右边第二层关系的后篇章单位 e，因此“比小水小着一岁，个头也没小水高，人却本分实诚”是第一关系层的中心；“人却本分实诚”是右边第二关系层的中心。

例 2.79 a 少年姓孙，*||[并列]*b 属马，|*[并列]c 比小水小着一岁，*|||[并列]*d 个头也没小水高，||[转折]*e 人却本分实诚。

（《浮躁》贾平凹）

连接词对句子或子句之间的关系有一定的提示作用，它对汉语篇章层次主次的判定也起到相对重要的作用。如例 2.80：

例 2.80 过去的几十年里，（**虽然**）住房一直是中国农村居民的头等消费大事，|[转折]*（**但**）在城镇，住房**却**被当作职工福利，*|||[例证]由单位无偿分配，*||[并列]每月只需交纳极低的租金。

（chtb_0143）

例 2.80 中的复合连接词“虽然……但……”，在句中不仅起着连接两个子句的作用，而且揭示前后两个篇章单位是转折关系。连接词“但”和“却”有强调的作用，这表明“但在城镇，住房却被当作职工福利，由单位无偿分配，每月只需交纳极低的租金”是这句话要表明的主要意思，和这篇文章主旨中的“福利住房”有关联。因此可以判定第一关系层的后篇章单位是中心。

2. 主次判定的方法

判定汉语篇章单位主次的方法主要有比较法和删除法两种。

比较法是将判定的篇章单位放到整段或是整篇文章中，比较各个篇章单位与上下文和文章主旨的联系紧密程度，联系紧密程度大的篇章单位就是它所在关系层的中心。

例 2.81 所在文档的主题是“德奎利亚尔对伊平民死亡表示悲痛一些国家谴责多国部队屠杀无辜”。例 2.81 用的是比较法，将第一层的前篇章单位“多国部队的飞机 13 日当地时间凌晨 4 点投下的两枚导弹或炸弹，击中一座大型地下防空掩体”和后篇章单位“躲在里面的至少 500 名平民被炸死，其中多半是妇女和儿童”放到整篇文章中，用这一方法才能看出后篇章单位和文章主旨联系紧密，并且和上下文联系紧密。

例 2.81　a 伊拉克国防部官员说，多国部队的飞机 13 日当地时间凌晨 4 点投下的两枚导弹或炸弹，击中一座大型地下防空掩体，|[因果]*<因此>躲在里面的至少 500 名平民被炸死，*||[总分]（**其中**）多半是妇女和儿童。

（chtb_0179 第 4 段）

例 2.82 中，“并”这一连接词提示了第一层前后两个篇章单位是并列关系，但在语义上却是有轻重之分的，这时可以用删除法。如果删除第一层关系的后篇章单位 b，上下文衔接得仍然紧凑，同时又不损害整篇文章的主旨大意。如果删除前篇章单位 a，则语义上跳度太大，上下文衔接也不顺畅。因此，后篇章单位 b 才是这句话的结构中心。

例 2.82　a 突尼斯再次呼吁国际良知采取行动，停止流血，结束毁灭性战争，*|[并列]b（**并**）为和平解决冲突创造条件。

（chtb_0179 第 5 段）

在短时间内无法判断哪一个篇章单位是它所在关系层的中心时，删除法是一个快捷的方法，不过此方法最好和比较法结合使用。

例 2.83（B）段第一关系层的前篇章单位和后篇章单位是顺承关系，这从“于是”这一连接词可以看出。如果利用删除法，将（B）段第一关系层的前篇章单位删除，则会损害顺承连接词“于是”所连接的前后两个篇章单位时间上先后相承的关系。反之，若删除后篇章单位，语义仍然完整。这样就能判定前篇章单位是这一关系层的中心。但是若删除后篇章单位“于是，轻舟熟路，我们乘坐的旅游大轿车径向西南——富士山方向疾驶”，到下一段的过渡则显得太突兀，损害整篇文章的完整性。仅用删除法来判定结构中心，会对文章的语义完整性带来损失，因此，删除法需要和比较法结合使用。

例 2.83　富士山游吟

（A）a 五年一次的国际日耳曼语言文学学会年会今年适逢在东京举行，*|[因果]b 这{**使**}笔者得以一睹富士风采，*||[解说]c 可算实现了一桩多年的“非分之想”。

（chtb_0207 第 2 段）

（B）a 富士山离东京只有 80 公里——*|||[解说]b 这显然又是造化的特意安排：*||[解说]c 这个岛国最高的山与她的最大的城市相依为伴，*[并列]|||d<并>互为辉映。*|[顺承]*e(**于是**)，轻舟熟路，f||[因果]*f 我们乘坐的旅游大轿车径向西南——富士山方向疾驶。

（chtb_0207 第 3 段）

（C）a 不知不觉间浓荫几乎完全封死了马路的上空，*|[因果]b 原来马路已经变窄了，*||[并列]*c(**并且**)有了坡度。

（chtb_0207 第 4 段）

3. 主次判定的难点

篇章单位主次判断比较困难的情况主要有：同一关系层的各个篇章单位之间的关系不止一种，即存在多个关系；同一关系层的各个篇章单位之间存在误导的连接词，即连接词表示的关系与篇章单位之间深层的语义关系不一致；同一关系层各个篇章单位的内容在文章的上下文中均涉及，并且篇章单位顺序不符合常规时，判定结构中心会受到阻碍。

在例 2.81 中第二关系层的前后两个篇章单位存在多个关系。这两个篇章单位是由连接词“其中”连接着的，但这一关系层的中心很难判定。“其中”一般表示其连接的前后两个篇章单位是整体与部分的关系，但文中的连接词“其中”也暗含前后两个篇章单位是等价的。因此，即使有连接词“其中”也很难判定哪个子句是这一关系层的中心，可以结合比较法和删除法来解决这一问题。先删除例 2.81 第二关系层前篇章单位和后篇章单位中的任何一个，比较它们和这段文章的紧密联系程度。前篇章单位“躲在里面的至少 500 名平民被炸死”在语义上比后篇章单位“其中多半是妇女和儿童”更适合做第一关系层的结果项。最重要的是后篇章单位和文章的主题“德奎利亚尔对伊平民死亡表示悲痛一些国家谴责多国部队屠杀无辜”联系更紧密。因此，若要解决这一问题，可以根据同一关系层各篇章单位与上下文和文章主题的紧密联系程度来判定这一关系层的中心。

当遇到不能准确标示层次关系的连接词时，在判定汉语篇章的层级中心时便会产生分歧。例 2.82 中的“并”在这一句话中是连接词，表面上表示并列关系，但是在深层语义上，“并”前后的两个篇章单位是有轻重之分的，因此产生了分歧。这时，可在用删除法的同时结合整篇文章的主旨大意，来判断哪一个篇章单位与上下文连接更紧密，更能表达这一关系层的主要意思。

当同一关系层的各个篇章单位的内容在上下文中均有涉及，并且篇章单位不符合常规分布时，这一关系层的中心也很难判定。如例 2.84：

例 2.84　a 昨天晚上，我国驻法大使馆一派节日气氛。|[解说]*b{**为**}迎接新春佳节，||[目的]*c 蔡方柏大使举行盛大酒会，*|||[目的]d<以>款待 500 多位侨居法国的侨胞。

（chtb_0183）

例 2.84 中的第三关系层的中心，因两个子句的内容在下文中均有涉及，所以很难判定。这时便要着眼于整篇文章，看哪一个篇章单位更能代表它所在关系层的主要意思，并与上下文衔接紧密。

2.6　与相关理论的比较

从 1.2 节的介绍可知，目前的篇章结构理论研究最具代表性的是 RST 和 PDTB 体系。下面，本书将基于连接依存树的汉语篇章结构表示体系和它们进行简单的对比。对比结果如表 2.1 所示。

表 2.1　CDT 与 RST 和 PDTB 体系对比

类别	RST	PDTB 体系	本书 CDT 表示体系
基本篇章单位	EDU，定义明确，一个关系有一个或多个 EDU	论元；谓词-论元模式；一个关系有两个论元	子句；从三方面进行明确定义；是自顶向下切分的终点；一个关系有两个或多个子句
连接词	—	标注显式连接词和添加隐式连接词	显式连接词和隐式连接词；显式连接词是否可删；添加隐式连接词
篇章关系	给定语义类别并标注	给定三层语义类别；标注语义类别和连接词	用连接词代表关系；标注连接词及其属性；将连接词映射到一个三层的关系体系上
结构	完整篇章结构树	从连接词及论元标注中可推导部分树	完整篇章结构树；自顶向下分割；结构可用连接词的关系层次表示
主次	主次由具体关系类别决定	—	主次由全局意图决定，跟关系无直接关系

从表 2.1 可知，在基本篇章单位的定义上，CDT 的基本篇章单位（子句）一定有标点作为标志，一般是小于或等于句子的单位，根据定义比较容易区分。RST 的基本篇章单位可以小到短语，PDTB 体系中连接词前面的论元记为 Arg_1，后面的记为 Arg_2，论元可以大到多个句子，小到从句。

在连接词的处理上，RST 没有考虑连接词，CDT 和 PDTB 体系都考虑了连接词。在篇章关系的处理上，CDT 和 PDTB 体系都考虑了关系类别。CDT 将关系和连接词区分开，给出一个通用的关系分类，由于有连接词标注，CDT 可以构建不同的关系体系，以便使篇章结构分析结果适用于不同任务。

在结构树表示上，CDT 和 RST 均可构建完整的篇章结构树，PDTB 体系则没有着意构建篇章结构树，但可以根据已有关系推导出部分结构树。

在篇章单位主次区分上，PDTB 体系不区分主次，RST 严格按照关系类别区分主次，CDT 按照全局重要性区分主次，属于同一种关系的两个篇章单位主次可能也不一样，例如“之所以……是因为……”和“因为……所以……”都是因果关系，但“之所以……是因为……”的主要部分是原因项，“因为……所以……”的主要部分是结果项。

从以上对比可知，CDT借鉴了RST和PDTB的优点并结合了汉语本身的特点。

2.7 本章小结

本章提出了基于连接依存树的汉语篇章结构表示体系，该体系借鉴汉语复句、汉语句群、英语RST和PDTB体系的研究成果，并充分考虑汉语本身特点。基于连接依存树的汉语篇章结构表示体系主要包括子句、连接词和篇章结构关系、篇章单位主次几个关键元素。该体系从汉语特点出发定义子句——子句位于连接依存树的叶子节点。将起连接作用的词定义为连接词，连接词位于连接依存树的中间节点，连接词本身既可以表示逻辑语义关系，其在连接依存树中的层次又可以表示篇章结构。针对隐式篇章结构较难处理的现状，采取区分显式连接词是否可删除以及添加隐式连接词的方法进行处理，并给出切实可行的连接词添加和删除方法。篇章单位主次不是简单采用篇章关系判断，而是采用全局性标准，即采取能代表所在关系整体与外界发生关系的为主要篇章单位。大量实例及针对性实例的具体操作，说明本体系是切实可行的，且充分体现了汉语篇章结构的特点。

第 3 章

基于连接依存树表示体系的 CDTB 构建

本章主要是以连接依存树表示体系为理论基础，选取一定文本，按照标注规范和流程，通过标注平台，构建了汉语篇章结构语料库。本章首先介绍 CDTB 标注策略、标注方法等，然后给出 CDTB 标注一致性测试结果，最后对 CDTB 的主要标注内容进行统计分析。

3.1 引　　言

近年来，统计自然语言处理异军突起，现已成为自然语言处理的主流。统计自然语言处理的主要需求包括计算机、语料库和软件（Maning & Schutze，2005）。语料库是一个由大量在真实情况下已使用的语言信息，经过科学的收集和组织而集成的专供研究使用的资源库。语料库并不是语篇的简单堆砌或集合，而是样本具有代表性、规模有限、语料文本以电脑可读的形式存在（以文本文件或 XML 文件格式存储）（郭署纶，2011）。语料库对于自然语言处理研究的巨大价值，已经得到越来越多的学者认可。

语料库标注就是为语料库增加一些语言学信息，有时称为语料库加工。最常见的一种标注就是在原始文本中通过增加空格将汉字分词，这就是所谓的分词标注（郑家恒等，2010）。除分词外，根据文本分析的不同层次，还有词性标注（根据事先定义好的词性类别为分词添加词性，如Brown语料库、北京大学《人民日报》语料库）、句法标注（按照不同的句法分析理论或句法分析模型给文本中的每个句子增加句法信息，如 PDTB）、语义标注（在原始语料中增加语义信息，语义可以是词义、句义和篇章义等信息，如 WordNet）、篇章标注（就是为原始语料增加篇章信息，如 RSTDT、PDTB）等。

语料库标注的常用方法有传统的以人工为主的标注方法和半自动标注的方法。半自动标注一般是先用自动标注工具进行初标，然后用人工校对的方法建立语料库。但对篇章结构语料标注来说，由于需要标注的内容比较复杂，这种半自动的标注方法在实际标注中很难被采用，所以采用人工方法构建篇章结构语料库是目前比较通用的方法。

3.2 自顶向下的 CDTB 标注策略

本章主要进行汉语篇章结构语料库构建，在第 2 章所提出的基于连接依存树的汉语篇章结构表示体系基础上，笔者进行了标注人员培训并制定了相应的标注策略。

CDTB 语料的标注工作由笔者和一位语言学博士指导核对，4 个汉语言文学的本科生进行具体标注。4 个学生分成 2 组进行标注，整个标注过程分为 4 个阶段。第 1 阶段（3 个月），由于语料库加工工作量很大，为保证质量，也为保证通用性，根据本书提出的基于连接依存树的汉语篇章结构表示体系，作者制定了初步的标注规范，开发了汉语篇章结构标注工具，并对 4 个学生进行了连接依存树表示体系和所开发标注工具使用的培训。第 2 阶段（4 个月），为保证标注一致性，所有标注者分别标注相同的50个文档（大约260个段落），然后在一起逐一校对讨论，讨论内容涉及子句、连接词、篇章关系、篇章单位主次、篇章结构层次等所有的标注内容，最后统一标注思想，得到修订的标注规范。

第 3 阶段（9 个月），4 个标注人员分成 2 组完成 450 个文档的标注，其中有 60 个文档 2 组标注人员都分别进行了标注，这个数据主要是用来计算 CDTB 语料标注的一致性的。标注规范的制定和语料库的标注实践两者形成一个循环，必须经过多个回合的研究与实践才能逐步完善。第 3 阶段完成后，形成最终的标注规范。第 4 阶段（3 个月），根据最终的标注规范，笔者对所有的标注语料都逐一进行校对，校对内容包括子句、连接词、篇章关系、篇章单位主次和篇章结构层次等。

CDTB 标注采用了自顶向下的标注策略，即对每一段内容先找出其最上层关系，然后递归地对切分后的内容进行标注。使用自顶向下的主要考虑是：第一，这种策略有利于宏观上把握整体结构，符合篇章分析所具有的全局整体性特征。第二，由于汉语句子和短语结构没有明显的形式区别，这种策略在一定程度上避免了汉语子句切分的困难对篇章结构分析的干扰。在这种自顶向下分析策略中，子句切分成为一个末端问题，即使子句切分出现偏差，影响也是局部的，不至于对篇章整体结构造成大的影响。对于汉语篇章结构分析，采用自顶向下的分析策略实则先易后难，它不仅可以避免错误，控制影响范围，而且可以提高标注效率。第三，这种策略符合汉语习惯，在汉语句群和汉语复句分析中常采用，也比较符合汉语篇章理解的一般心理过程。当然，笔者并不排斥自底向上的方法，在某些篇章局部，自底向上和自顶向下可以结合使用。

3.3　人机结合的 CDTB 标注方法

在进行 CDTB 标注时，首先任意给定一个篇章作为需要标注的生语料，然后利用汉语篇章结构标注平台对语料进行切分子句、指定连接词、标注连接词属性、标注关系类型、指定中心句等操作，生成一个个关系，最后根据各个关系的标注信息将一个篇章中的所有关系组合在一起构成一棵连接依存树。为保证标注一致性，还需要对多个标注者使用此标注平台产生的标注语料进行一致性计算。标注完成后还需要对标注结果进行统计分析。直接在生文本上进行手工标注非常不直观且易出现错误，为更有效地进行实际标注，本书开发了汉语篇章结构标注平台，下面介绍标注平台使用流程及语料保存结果。

3.3.1　标注流程设计

结合所需功能，标注平台的工作流程如图 3.1 所示。首先分析语料，其次标注某个关系的子句、连接词、连接词属性、连接词类型和篇章单位主次等信息。根据标注的关系层次画出关系树，直至所有关系标注完毕，生成此文档的整体篇章结构树，然后将标注结果存储为 XML 文件，此 XML 文件即为输出语料。对生成的 XML 文件进行统计分析，得出统计结果。对多个标注者的标注结果进行一致性计算，得到多个标注者标注的一致率。

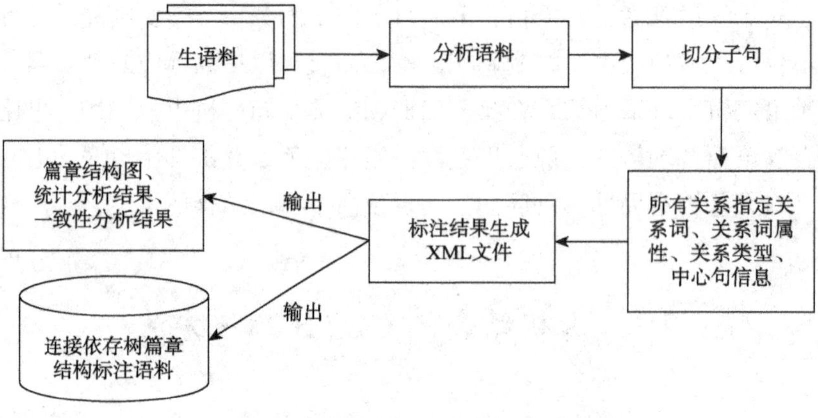

图 3.1　汉语篇章结构标注平台工作流程

根据所需功能及处理流程，本书开发了基于连接依存树表示体系的汉语篇章结构语料标注平台（图 3.2）。主要功能有语料标注、语料统计和语料一致性计算。其中语料标注是主要内容，包括新建关系、保存关系、修改关系、删除关系等操作，每个关系有关系类型、连接词、子句等属性可选择或添加。

图 3.2　基于连接依存树表示体系的汉语篇章结构语料标注平台

图 3.2 中，区域 1 为主操作选择区，可以选择标注关系、语料统计和语料一致性计算。区域 2 为文件选择区，主要是选择需要标注的文件，选择需要标注的文件，以及标注后新文件的存储位置。区域 3 是选择在标注中是否需要同步显示连接依存树。区域 4 是关系查看操作区，上半部分列出已经标注好的关系，单击某一关系则显示这一关系的标注情况，下半部分是关系操作区，可以点击新建、修改、删除、取消等对关系的操作。区域 5 是标注文本区，此区域显示待标注文本及子句切分情况，也是主要的文本标注操作区。区域 6 是关系属性选择填写区，主要是对需要标注的关系，选择其连接词、关系类别、中心等属性。

3.3.2　语料标注

标注语料开始前，需要选择未标注文件所在的主目录、需要标注的文件名、标注后文件的保存路径、是否显示标注过程中的篇章结构关系图。下面以例 2.4 为例介绍标注方法。

首先载入内容："浦东开发开放是一项振兴上海，建设现代化经济、贸易、金融中心的跨世纪工程，因此大量出现的是以前不曾遇到过的新情况、新问题。对此，浦东不是简单地采取'干一段时间，等积累了经验以后再制定法规条例'的做法，而是借鉴发达国家和深圳等特区的经验教训，聘请国内外有关专家学者，积极、及时地制定和推出法规性文件，使这些经济活动一出现就被纳入法制轨道。去年初浦东新区诞生的中国第一家医疗机构药品采购服务中心，正因为一开始就比较规范，运转至今，成交药品一亿多元，没有发现一例回扣。"

标注语料主要工作是标注篇章关系及所对应的属性。篇章关系可以进行新建、保存、修改和删除操作，基本功能大致相同，下面以新建为例进行说明。新建篇章关系采用自顶向下的方法进行，即首先标注最上层的关系。

层次用特殊的符号（如"|"）进行标注。一个"|"代表是第一层的关系，*n* 个"|"就代表第 *n* 层关系。如例 2.4 可以这样标注：

例 2.4 中第 1 层关系标注为：连接词是"对此"；子句 1 是"浦东开发开放是一项振兴上海，建设现代化经济、贸易、金融中心的跨世纪工程，因此大量出现的是以前不曾遇到过的新情况、新问题"；子句 2 是"对此，浦东不是……没有发现一例回扣"；连接词属性是可删除的连接词；关系类型是显式关系；属于解说关系；中心句是子句 1。

对第 1 层标注完成的左右部分分别进行第 2 层标注，例 2.4 中第 2 层有 2 个关系。第 1 个关系：连接词是"因此"；子句 1 是"浦东开发开放是一项振兴上海，建设现代化经济、贸易、金融中心的跨世纪工程"；子句 2 是"因此大量出现的是以前不曾遇到过的新情况、新问题"；连接词属性是可删除的连接词；连接词类型是显式关系；中心句是子句 2。第 2 个关系：连接词是"例如"（添加的连接词）；子句 1 是"对此，……被纳入法制轨道"；子句 2 是"去年初浦东新区……没有发现一例回扣"；连接词属性是可添加的连接词；连接词类型是隐式关系；关系类别是例证关系；中心句是子句 1。

对第 2 层标注结构进行第 3 层次的标注，例 2.4 第 3 层有 2 个关系。

第 1 个关系：连接词是“不是……而是……”；子句 1 是“对此，浦东不是……的做法”；子句 2 是“而是借鉴发达国家……被纳入法制轨道”；连接词属性是不可删除的连接词；连接词类型是显式关系；关系类别是并列关系；中心句是子句 1 和子句 2。第 2 个关系：连接词是“正因为”；子句 1 是“去年初浦东……正因为一开始就比较规范”；子句 2 是“运转至今……没有发现一例回扣”；连接词属性是不可删除的连接词；连接词类型是显式关系；关系类别是因果关系；中心句是子句 2。

例 2.4 第 4 和第 5 层次参考前面的方法自顶向下依次进行标注，直到篇章全部被切分为子句时停止。

3.3.3　语料格式

语料标注结果保存在 XML 文件中，一个关系对应一行记录，例 2.4 标注的部分内容如图 3.3 所示。


```
<P ID="2">
  <R ID="1" StructureType="False" RelationType="显式关系" Layer="1" Connective="对此" ConnectiveType="解说关系" ConnectivePosition="61…62" ConnectiveAttribute="可删除" Centre="2" LanguageSense="True" General="True" Sentence="浦东开发……新问题。|对此……回扣。" SentencePosition="1…60|61…230" ChildList="2|3" ParentId="–1" UseTime="87"/>
  <R ID="2" StructureType="False" RelationType="显式关系" Layer="2" Connective="因此" ConnectiveType="因果关系" ConnectivePosition="37…38" ConnectiveAttribute="可删除" Centre="2" LanguageSense="True" General="True" Sentence="浦东开发……工程，|因此……新问题。" SentencePosition="1…36|37…60" ChildList="" ParentId="1" UseTime="83" />
  <R ID="3" StructureType="逐层切分" ConnectiveType="隐式关系" Layer="2" RelationNumber="单个关系" Connective="例如" RelocationType="例证关系" ConnectivePosition="169" ConnectiveAttribute="可添加" Rolelocation="normal" LanguageSense="true" Sentence="对此，……被纳入法制轨道。|去年初浦东新区……没有发现一例回扣。" SentencePosition="61…167|168…230" Center="1" ChildList="4|5" ParentId="1" UseTime="120"/>
  <R ID="4" StructureType="逐层切分" ConnectiveType="显式关系" Layer="3" RelationNumber="单个关系" Connective="不是……而是……" RelationType="并列关系" ConnectivePosition="66…67|100…101" ConnectiveAttribute="不可删除" RoleLocation="normal" LanguageSense="true" Sentence="对此，……的做法，|而是借鉴发达国家……纳入法制轨道。" SentencePosition="61…99|100…167" Center="2" ChildList="6" ParentId="3" UseTime="41"/>
  ……
```

```
<R ID="6" StructureType="True" RelationType="隐式关系" Layer="5" Connective="并" ConnectiveType="并列关系" ConnectivePosition="" ConnectiveAttribute="可添加" Centre="3" LanguageSense="False" General="True" Sentence="而是……教训，|聘请……学者，|积极……文件，" SentencePosition="100…119|120…131|132…148" ChildList="" ParentId="4" UseTime="26" />
……
</P>
```

图 3.3　CDTB 标注语料 XML 形式保存结果

XML 中每一段为一块记录，用<P></P>界定。<P ID="2">表示第一段内容。每一段中有一个或多个关系，用<R……/>表示，其中：ID 表示这个关系的 ID 号；StructureType 表示节点类型，有逐层切分和并列切分两种属性，逐层切分时一个关系包含两个子句，并列切分包含多个子句；ConnectiveType 是关系类型，有显式和隐式关系两种；Connective 是连接词，关系为显式关系时表示句子中存在的连接词，隐式关系表示手工添加的连接词；RelationType 是具体的关系类型，如并列、转折、递进、因果等；ConnectivePosition 记录连接词在段落中的位置；ConnectiveAttribute 是记录连接词是否可删除、可添加；Center 的值为 1 时表示它的中心句为左子句（子句 1），为 2 时表示它的中心句为右子句（子句 2），为 3 时表示它的中心句为它的所有子句；Sentence 里放的是它的所有子句的内容，以“|”分隔；SentencePosition 里放的是所有子句在段落中的位置信息，以“|”分隔，“…”前是子句开始位置，“…”后是子句结束位置；ChildList 里放的是它的所有孩子节点的 ID 号，以“|”分隔；ParentId 的值是它的父亲节点的 ID 号；UseTime 是建立这个节点时所花的时间（秒数）。通过以上的关系标注信息，即可构建一棵篇章结构树。

3.3.4　语料校对

由于本书所标语料要求每个篇章（段落）生成一棵树，因此需要对语料进行检查以保证标注结果可以生成一棵树，检查分为自动检查和人工检查。自动检查是利用程序来查看标注语料是否可以构建一棵树，如不能构建则进行人工检查。人工检查主要是检查一棵树是否只有一个根节点，对树中的叶子节点进行检查，看其是否覆盖整个文档。如果没有遗漏则检查标注的属性信息，如子句、连接词、篇章关系、篇章单位主次等标注是否正确。

对标注好的语料，为保证标注子句、连接词、篇章关系、篇章单位主次等判断的一致性，笔者及合作者对标注好的所有语料分别进行了人工校对。校对时每个人只负责一个标注属性，如笔者负责子句校对，学生甲负责篇章关系校对，学生乙负责连接词校对等。这种校对方式可以尽量去除不同标注者的个性差异。

3.4　CDTB 标注一致性测试

标注一致性是衡量标注质量的重要标准。笔者选取两名标注者 A 和 B 各自独立标注的 60 个文档（chtb_0001-chtb_0041~chtb_0001- chtb_0100），进行一致性测试。一致性评估主要计算标注一致率（Agreement），一致率=A∩B/A∪B，主要考查两名标注者标注的一致内容。对于不同的标注任务，其计算内容根据具体情况有所不同。严格来说，采用比较两个标注者的输出来确定是否一致的方法还不完善，因为这种方法忽略了标注偶然一致的情况，本书还对部分内容进行了 Kappa 值（Cohen，1960）的计算。Kappa 值计算结果为−1~1，但通常 Kappa 值是 0~1，可分为五组来表示不同级别的一致性：0.0~0.20 表示极低的一致性、0.21~0.40 表示一般的一致性、0.41~0.6 表示中等的一致性、0.61~0.80 表示高度的一致性和 0.81~1 表示几乎完全一致。计算公式如（3.1）所示。

$$\text{Kappa值} = \frac{K(A) - K(E)}{1 - K(E)} \qquad (3.1)$$

其中 $K(A)$ 是标注一致的比例，也就是每一类正确分类的样本数量之和除以总样本数。$K(E)$ 是标注者偶然一致的比例，假设每一类的真实样本个数分别为$a_1,a_2,\cdots,a_n$，而预测出来的每一类的样本个数分别为$b_1,b_2,\cdots,b_n$，总样本个数为 n，则有：$K(E)=(a_1\times b_1+a_2\times b_2+\cdots+a_n\times b_n)/n\times n$。

Kappa 值计算方法举例如下。假设标注者 A 和标注者 B 共同标注子句是否可切分的信息。现在共有 100 个标点需要标注，其中 A 标注了 55 个标点为正例（可切分），45 个标点为负例。B 标注了 50 个标点为正例，50 个标点为负例。他们对同一个标点都标注为正例的个数为 45 个，都标注为负例的为 40 个。可以构建表 3.1 所示二维表。

表 3.1　Kappa 值计算二维表

A \ B	+	–	求和
+	45	10	55
–	5	40	45
求和	50	50	100

根据公式（3.1）计算表 2.2 可知，K（A）=（45+40）/100=0.85，K（E）=（55 × 50 + 45 × 50）/100 × 100=0.5，Kappa 值=（K（A）– K（E））/（1–K（E））=0.7。经计算可知，两个标注者标注的 Kappa 值为 0.7，属于高度一致。

根据以上一致率和 Kappa 值计算方法，计算 CDTB 标注一致性结果见表 3.2。在表 3.2 中，本书计算子句切分一致性的方法是判断两个标注者 A 和 B 相同切分的个数（交集）和他们所有切分的个数（并集）。对句子位置 SentencePosition="$X_1\cdots X_2|Y_1\cdots Y_2$"，计算 A、B 标注切分位置相同的情况。汉语子句的切分位置均有标点标记，将所有可能作为切分标记的标点（句号、分号、问号、逗号等）作为总数。子句切分一致率为 91.7%，Kappa值为0.84，这个结果表明本书子句定义是合理的，也是便于实现的。

表 3.2　CDTB 一致性测试结果

类别	一致率/%	Kappa 值
子句切分	91.7	0.84
显式隐式关系判断	94.7	0.81
显式连接词识别	82.3	—

续表

类别	一致率/%	Kappa 值
隐式连接词插入	74.6	—
单中心或多中心判断	80.8	—
单中心主次判断	82.4	—
结构（相同连接词、相同子句）	77.4	—

显式隐式关系判断是针对相同切分位置的标点，计算其都被标注为显式或隐式关系的个数，表 3.2 显式隐式关系判断一致率为 94.7%，Kappa 值为 0.81，说明对于显式和隐式关系的判断正确率较高，因为识别显式关系和隐式关系有连接词作为标志。

对于显式关系，两个标注者选择相同显式连接词的一致率为 82.3%，这是因为本书在计算一致率时严格要求两个标注者选择的连接词完全一样，如一个标注者标注连接词为“也……并……”，另外一个仅选择了“并”，则两者的标注在严格标准下被认为标注不一致，如果将标准放松至两个标注者标注的连接词可以互相包含，则一致率可以达到 98%。

隐式连接词插入一致率指的是相同隐式关系，两个标注者在相同位置插入相同连接词的一致情况。表 2.3 中的隐式连接词插入一致率较低，为 74.6%。主要原因是对于同一隐式篇章关系，存在多种可以插入的连接词，如在表示因果关系的隐式关系中，可以插入“因此”“所以”等词表示同一种关系。如果对同一种篇章关系可以插入的连接词进行限制，一致率可以达到 84.5%。

单中心或多中心判断是指对同一关系，两个标注者都标为单中心或多中心的一致率为 80.8%。单中心主次判断指对于同一单中心关系，两个标注者标注中心在前或在后相同的一致率为 82.4%。由此可知，汉语中心判断一致率还有待提高，主要原因是本书根据篇章意图确定主次地位，而相同的内容，不同的人理解会有所不同。

最后，总的篇章结构标注一致率为 77.4%，所谓篇章结构一致指在相同位置，子句切分一致、子句范围一致、显式和隐式连接词也一致。这个结果说明对于本身歧义较大的汉语篇章结构，本书所提出的基于连接依存树的汉语篇章结构表示体系是合理的。

3.5 CDTB 标注信息统计与分析

目前 CDTB 共有 500 个文档(chtb_001-chtb_0657)①，全部来自 CTB6.0 的文本，在 CTB 中句子标号从 1 到 6648。每个段落标注为一棵连接依存树，共有效标注 2342 个篇章（段落）。CDTB 共包含 10 643 个子句，每棵篇章树平均 4.5 个子句。平均每个有效标注的句子包含 2 个子句，每个子句平均长度为 22 个汉字。

下面分别从连接词、篇章关系、篇章结构、篇章单位主次等方面对 CDTB 进行详细的统计分析。

3.5.1 连接词统计与分析

目前 CDTB 中共有 278 个连接词，其中显式连接词有 274 个，可添加的隐式连接词有 40 个。单义连接词（可表示一种关系类别）有 246 个，多义连接词（可表示多种关系类别）有 35 个。不同的连接词可以表示不同的关系。表 3.3 给出 CDTB 中出现次数最多的 10 个显式连接词和隐式连接词。

表 3.3　CDTB 中出现次数最多的 10 个显式和隐式连接词

显式连接词				隐式连接词			
连接词	出现次数	连接词	出现次数	连接词	出现次数	连接词	出现次数
并	208	其中	154	因此	371	并	355
也	133	而	70	并且	257	例如	139
但	69	还	68	来	68	以	62
使	56	以	52	然后	55	其中	47
为	47	同时	46	而	47	因为	32

① 文档中间有缺失，未连续编号，总数为 500 个。

从表 3.3 可以发现，显式连接词和隐式连接词分布有一定的差别，显式连接词多是大家平常经常使用的词，如“也”“但”“还”“为”等。隐式连接词是表示具体关系的词，如“因此”“并且”“例如”“然后”“因为”等。表 3.3 中有几个连接词分别作为显式连接词和隐式连接词出现，如“并”“而”“以”，这个结果也说明本书提出的显式连接词可删和隐式连接词可添是汉语的实际情况。

本书 2.3 节提到，连接词有不同的词性，主要有连词、介词和副词，每种词性的连接词分布如表 3.4 所示。由表 3.4 可知，连词在所有连接词中所占的比例最大，为 38.0%，其次为副词，占 26.6%。

表 3.4　显式连接词词性分布

词类	连词	介词	副词	其他	总数
个数	104	56	73	41	274
所占比例/%	38.0	20.4	26.6	15.0	100.0

由 2.3.1 可知，连接词在形式上有独用（如“虽然”）、关联词（如“虽然……但是……”）、合用（如“同时也”）和其他形式（如“虽然……但……却……”）。CDTB 中，独用连接词有 136 个，占 49.6%，关联词有 90 个，占 32.8%，这两类是连接词的主要形式；连接词合用的形式比较少，只有 5 个，其他形式的连接词有 43 个，占 15.7%。

汉语篇章中，有些通过连接词对句意进行判断并不明确，会有同时认为是甲关系和乙关系的情况。一个连接词同时表示多种关系，这类连接词被称为多义连接词。虽然可以表示多种关系，如连接词“并”可以表示“并列关系”和“顺承关系”，但在标注的过程中，一般可以根据连接词的上下文语境判断出是哪一种关系。这类连接词共有 35 个，部分词及其所能表示的关系如表 3.5 所示。从表 3.5 可知，连接词“而”可以表示转折关系、递进关系、对比关系、并列关系、顺承关系、因果关系，共 6 种关系。多义连接词是篇章关系判断的难点，虽然人工可以根据上下文语境进行区分，但自动判断多义连接词的篇章关系仍没有有效的方法。

表 3.5 部分可表示多种关系的连接词

序号	连接词	同时表示的关系
1	而	转折关系、递进关系、对比关系、并列关系、顺承关系、因果关系
2	否则	假设关系、转折关系、推断关系、条件关系
3	不仅……而且……	并列关系、递进关系
4	如	例证关系、假设关系
5	或	选择关系、并列关系

3.5.2 篇章关系统计与分析

CDTB 共标注关系 7310 个，其中显式关系 1814 个（占 24.8%），隐式关系 5496 个（占 75.2%）。英语中显式关系和隐式关系的数量基本相当（Zhou & Xue，2012），而汉语显式关系和隐式关系比例约为 1∶3，这表明汉语中的隐式关系所占比例明显高于英语中的。除标注连接词外，本语料对每个关系均标注关系类型，由 2.4 节可知，本语料中的篇章关系类型也可以根据连接词对应关系推导出来，也可以推导出其他分类。根据 2.4 节的连接词分类方法，各种关系类型统计如表 3.6 所示。

表 3.6 各种关系类型个数统计表

大类	关系类型	显式关系/个	隐式关系/个	全部/个	比例/%
因果类	因果关系	204	482	686	9.38
	推断关系	3	35	38	0.52
	假设关系	55	14	69	0.94
	目的关系	163	170	333	4.56
	条件关系	37	34	71	0.97
	背景关系	4	130	134	1.83
因果类小计		466	865	1331	18.21
并列类	并列关系	742	2765	3507	47.98
	顺承关系	133	382	515	7.05
	递进关系	52	7	59	0.81
	选择关系	10	0	10	0.14
	对比关系	38	22	60	0.82
并列类小计		975	3176	4151	56.79

续表

大类	关系类型	显式关系/个	隐式关系/个	全部/个	比例/%
转折类	转折关系	157	39	196	2.68
	让步关系	16	0	16	0.22
转折类小计		173	39	212	2.90
解说类	总分关系	158	77	235	3.21
	例证关系	29	224	253	3.46
	评价关系	3	218	221	3.02
	解说关系	10	897	907	12.41
解说类小计		200	1416	1616	22.11
合计		1814	5496	7310	100

注：比例指与所有关系个数（7310 个）的百分比。

由表 3.6 可知，所有小类关系中并列关系个数最多，有 3507 个，占所有关系的 47.98%；选择关系仅 10 个，这主要与本语料的来源有关，新闻语料通常是陈述事实，所以选择关系较少。四大类中，并列类有 4151 个，所占比例高达 56.79%，其中，隐式并列类有 3176 个，占所有隐式关系的 57.79%；转折类仅有 212 个实例，占 2.90%，其中，隐式转折类仅有 39 个实例，占所有隐式关系的 0.71%，因为转折类仅包含转折关系和让步关系，类别较少，每种关系类别的数目也较少。

3.5.3　篇章结构统计与分析

CDTB 中记录了每种关系所在的层次，层次为 1 的位于篇章树的最上层，层次为 2 的位于第 2 层，数字越大越靠近篇章结构树的叶子节点，具体关系层次分布见表 3.7。

表 3.7　CDTB 关系层次分布

关系类型	层次 1		层次 2		层次 3		层次 4		其他层		合计/个
	个数	比例/%	个数	比例/%	个数	比例/%	个数	比例/%	个数	比例/%	
背景关系	98	73.13	26	19.40	5	3.73	5	3.73	0	0.00	134
并列关系	887	25.29	1184	33.76	842	24.01	382	10.89	212	6.05	3507
递进关系	7	11.86	15	25.42	19	32.20	9	15.25	9	15.25	59
对比关系	19	31.67	18	30.00	15	25.00	8	13.33	0	0.00	60

续表

关系类型	层次 1		层次 2		层次 3		层次 4		其他层		合计/个
	个数	比例/%	个数	比例/%	个数	比例/%	个数	比例/%	个数	比例/%	
假设关系	11	15.94	30	43.48	12	17.39	12	17.39	4	5.80	69
解说关系	434	47.85	260	28.67	130	14.33	50	5.51	33	3.64	907
例证关系	133	52.57	63	24.90	35	13.83	10	3.95	12	4.74	253
目的关系	102	30.63	117	35.14	60	18.02	45	13.51	9	2.70	333
评价关系	82	37.10	66	29.86	51	23.08	14	6.33	8	3.62	221
让步关系	5	31.25	4	25.00	5	31.25	0	0.00	2	12.50	16
顺承关系	186	36.12	155	30.10	107	20.78	51	9.90	16	3.11	515
条件关系	7	9.86	24	33.80	23	32.39	10	14.08	7	9.86	71
推断关系	14	36.84	8	21.05	11	28.95	4	10.53	1	2.63	38
选择关系	2	20.00	4	40.00	1	10.00	1	10.00	2	20.00	10
因果关系	232	33.82	244	35.57	121	17.64	67	9.77	22	3.21	686
转折关系	72	36.73	72	36.73	29	14.80	13	6.63	10	5.10	196
总分关系	51	21.70	82	34.89	67	28.51	30	12.77	5	2.13	235
合计	2342	32.04	2372	32.45	1533	20.97	711	9.73	352	4.82	7310

CDTB 中，层次最大为 9。表 3.7 中，CDTB 中层次为 1 的关系有 2342 个，占所有关系的 32.04%；层次为 2 的 2372 个，占 32.45%；层次为 3 的 1533 个，占 20.97%；层次为 4 的 711 个，9.73%；其他层有 352 个，前 4 层占 95.18%，说明 CDTB 中篇章结构树总体不是太复杂。对每种关系而言，背景关系（73.13%）、解说关系（47.85%）和例证关系（52.57%）集中在第 1 层，假设关系（43.48%）、选择关系（40.00%）、因果关系（35.57%）多出现在第 2 层。

对 CDTB 中的树结构进行统计，发现某些篇章模式（段落的篇章结构树）出现次数较多，具体统计见表 3.8。表 3.8 中大写字母 A、B、C 和 D 代表子句，用图画出相应的子句结构图，频次表示相应结构在语料中出现的次数。

表 3.8　CDTB 中出现较多的篇章模式

编号	结构	频次	编号	结构	频次
1	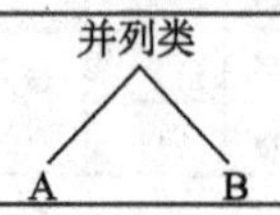	308	2	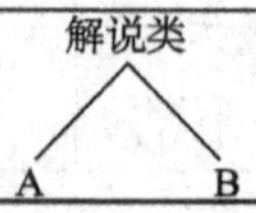	130

续表

编号	结构	频次	编号	结构	频次
3		124	9	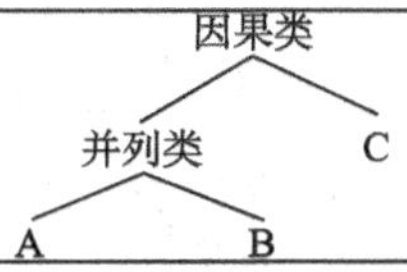	36
4	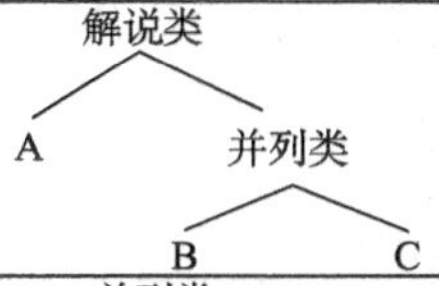	73	10	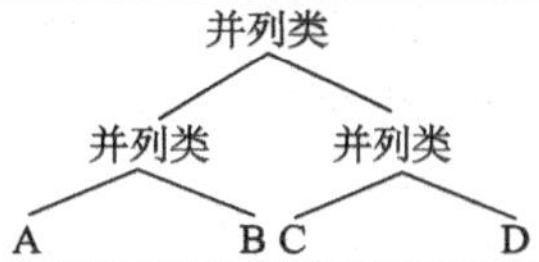	31
5	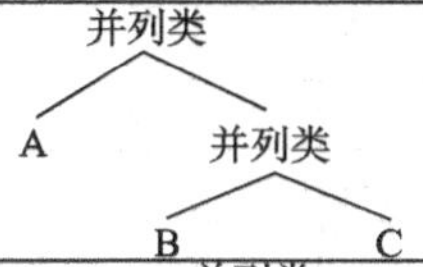	71	11	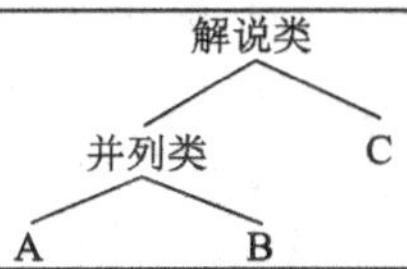	21
6	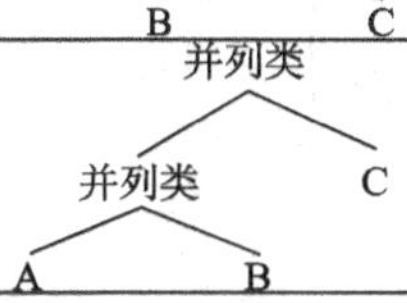	47	12	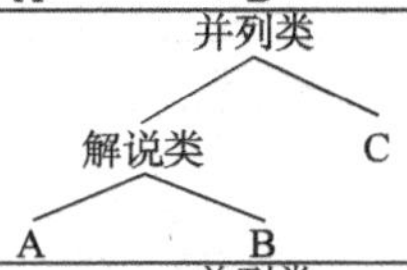	20
7	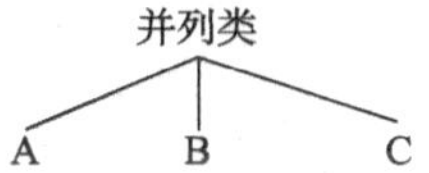	46	13	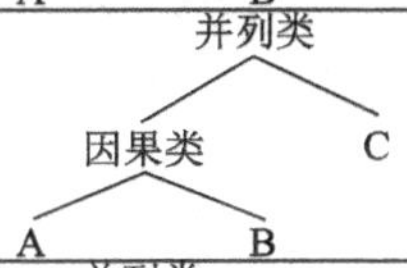	17
8	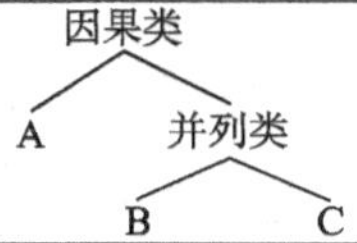	38	14	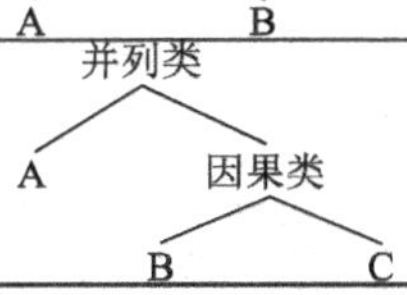	15

由表 3.8 可知，部分篇章结构模式并不太复杂，甚至是有规律可循的，如果不考虑关系，编号 1、2 和 3 的结构一致，编号 4、5、8 和 14 的结构也一致，这为本书后面篇章结构树构建提供参考。观察这些篇章模式，发现除了编号 2 和 3，剩下的都包含并列类，这也说明了并列类所占比例较大。并列类只有编号 7 包含 3 个篇章单位，其余均包含 2 个篇章单位，由于 CDTB 中包含多个篇章单位的关系规模较小，所以第 4 章在做自动分析时将包含多个篇章单位的关系转换成向左二叉树是可行的。

3.5.4 篇章单位主次统计与分析

本书在2.5节汉语篇章单位主次定义中提到单中心和多中心，单中心指某一关系中能概括它所在关系层主旨的是该关系的一个篇章单位。多中心指能概括该关系层主旨的是该关系的两个或多个篇章单位。CDTB中每一种类别的篇章关系的单中心与多中心的统计如表3.9所示。

表3.9 CDTB中单中心与多中心统计表

大类	关系类型	单中心		多中心		合计/个
		个数	比例/%	个数	比例/%	
因果类	因果关系	673	98.10	13	1.90	686
	推断关系	36	94.74	2	5.26	38
	假设关系	58	84.06	11	15.94	69
	目的关系	330	99.10	3	0.90	333
	条件关系	60	84.51	11	15.49	71
	背景关系	134	100.00	0	0.00	134
因果类小计		1291	96.99	40	3.01	1331
转折类	转折关系	187	95.41	9	4.59	196
	让步关系	15	93.75	1	6.25	16
转折类小计		202	95.28	10	4.72	212
并列类	并列关系	288	8.21	3219	91.79	3507
	顺承关系	119	23.11	396	76.89	515
	递进关系	9	15.25	50	84.75	59
	选择关系	1	10.00	9	90.00	10
	对比关系	51	85.00	9	15.00	60
并列类小计		468	11.27	3683	88.73	4151
解说类	解说关系	887	97.79	20	2.21	907
	总分关系	233	99.15	2	0.85	235
	例证关系	253	100.00	0	0.00	253
	评价关系	221	100.00	0	0.00	221
解说类小计		1594	98.64	22	1.36	1616
合计		3555	48.63	3755	51.37	7310

从表3.9中可以看出背景关系、例证关系和评价关系都是单中心的。而并列关系、选择关系、递进关系和顺承关系一般含有多个中心。

四大类中，并列类多数情况（88.73%）下是多中心的，解说类、因果类和转折类多是单中心的。

在单中心的关系中，中心分在前和在后，表 3.10 是 CDTB 的中心位置统计表。由表 3.10 可知，假设关系、条件关系、背景关系、转折关系、让步关系、顺承关系、递进关系、选择关系、对比关系等侧重于后中心，而并列关系、解说关系、总分关系、例证关系和评价关系等一般中心在前，推断关系、目的关系前后中心比例相当。四大类中，因果类和转折类一般中心在后，并列类和解说类一般中心在前。

表 3.10　CDTB 中篇章单位主次前后位置统计表

大类	关系类型	前中心		后中心		合计/个
		个数	比例/%	个数	比例/%	
因果类	因果关系	212	31.50	461	68.50	673
	推断关系	18	50.00	18	50.00	36
	假设关系	2	3.45	56	96.55	58
	目的关系	172	52.12	158	47.88	330
	条件关系	5	8.33	55	91.67	60
	背景关系	7	5.22	127	94.78	134
因果类小计		416	32.22	875	67.78	1291
转折类	转折关系	11	5.88	176	94.12	187
	让步关系	0	0.00	15	100.00	15
转折类小计		11	5.45	191	94.55	202
并列类	并列关系	254	88.19	34	11.81	288
	顺承关系	17	14.29	102	85.71	119
	递进关系	1	11.11	8	88.89	9
	选择关系	0	0.00	1	100.00	1
	对比关系	12	23.53	39	76.47	51
并列类小计		284	60.68	184	39.32	468
解说类	解说关系	766	86.36	121	13.64	887
	总分关系	201	86.27	32	13.73	233
	例证关系	249	98.42	4	1.58	253
	评价关系	181	81.90	40	18.10	221
解说类小计		1397	87.64	197	12.36	1594
合计		2108	59.30	1447	40.70	3555

3.6 本章小结

本章主要介绍基于连接依存树的汉语篇章结构语料库构建。为便于语料标注操作，提出了比较符合汉语篇章结构认知习惯的自顶向下的语料库标注策略。为保证语料标注质量，采用了人机结合的语料库标注方法。选取部分语料进行了标注一致性测试，结果表明本章所标语料质量达到实用水平。最后从连接词、篇章关系、篇章结构、篇章单位主次等方面对CDTB进行了系统的统计分析，统计结果表明当CDTB规模达到一定程度时，统计数据反映的情况和汉语特点基本一致。

第 4 章

基于 CDTB 的汉语篇章结构分析

篇章结构分析是自然语言处理的挑战性课题，相对于词法和句法分析，篇章结构分析研究进展比较缓慢。英语篇章结构分析目前研究较多，而汉语篇章结构分析研究由于语料缺乏，目前主要是对篇章中的某个特定问题进行研究，还没有完整的汉语篇章结构分析平台。因此，本章在第 3 章构建的 CDTB 基础上，进行系统化的汉语篇章结构分析研究。

4.1 引言

目前，篇章结构分析系统研究主要针对英语（Soricut & Marcu，2003；Hernault，Helmut & David，2010；Lin，Ng & Kan，2014；Feng & Hirst，2012；Joty，Carenini & Ng，2012；Joty et al.，2013；徐凡，2013）。由于汉语语料缺乏，目前还没有完整的汉语篇章结构分析平台。汉语篇章结构分析主要包括子句识别、连接词识别与分类、篇章关系识别、篇章单位主次识别等工作。目前没有看到针对汉语篇章单位主次的识别研究工作，其他相关的汉语子句识别、连接词识别与分类和篇章关系识别的研究工作也不多，下面简单介绍目前的研究进展及存在的问题。

在子句识别方面，由 2.1 节的子句定义可知，标点符号是子句的重要标志，根据某些标点（如句号）可直接判定其所分割的语言片段为子句，而另外一些标点（如顿号）所分割的语言片段则不可能是子句，还有的标点（如逗号）分割的语言片段在有些情况下是子句，有些情况下不是子句。在自然语言处理的不同任务中都能看到引入标点的研究，有效识别标点的功能，有助于句法分析、篇章分析、机器翻译等自然语言处理技术性能的提高。自动识别标点是否为子句边界的研究较少，Xue和Yang（2011）、Yang和Xue（2012）识别的是句子，在句法树中有明显的IP标示，本书所识别的是子句（根据定义可知至少包含IP或VP，主要从语义上进行定义），单位要小得多。综合以上分析可知，标点对子句分割意义重大，其中逗号尤为关键。

在连接词识别与分类方面，包含连接词标记的语料库目前主要有汉语复句语料库、清华汉语树库、哈工大中文篇章关系语料库。在汉语复句语料库进行的关系词识别相关研究，关系词提取的正确率达到89.8%，连用关系标记标识正确率达 72.9%（胡金柱等，2012；胡金柱等，2009；胡金柱等，2010）。洪鹿平（2008）在清华汉语树库上做汉语复句关系自动判断研究，作者穷尽式地收集关系词语，并把关系词语标注出联合和偏正两种类型，然后抽取特征利用 CRF 模型进行分类。王东波、陈小荷和年洪东（2008）基于条件随机场进行有标记联合结构的自动识别，使用北京大学的《人民日报》语料库和清华汉语树库，分别用基于复杂特征的特征模板和增加语言学特征的特征模板在含有嵌套的联合结构、无嵌套联合结构和最长联合结构语料上进行了实验，F_1值分别为88.21%、87.85%和84.42%。李艳翠等（2014）利用规则从清华汉语树库中提取复句关系词并标注其类别，然后抽取自动句法树和标准句法树的句法、词法、位置特征进行复句关系词的识别和分类，实验结果表明复句关系词判断正确率达 95.7%，复句关系词类别判断的 F_1 值为77.2%。张牧宇等（2013）在哈尔滨工业大学中文篇章关系语料库上进行句间语义关系的识别。针对显式篇章句间关系，提出基于关联词规则的方法进行识别，取得了很好的效果。综上可知，目前汉语语料多标注句内关系，没有标注句间关系，连接词并不是真正的篇章连接词。目前连接词标注和关系分类多参考英语的分类方法，标注出的连接词种类过多，关系类别和汉语分类体系相差较大。因此，本书将采用第 3 章自建的符合汉语特点的 CDTB 语料进行连接词的识别与分类。

隐式关系识别是指在没有连接词的情况下判断两个论元之间存在何种逻辑语义关系。由于连接词的缺失，通常只能根据一些语言学特征进行关系的识别，一般正确率不高。在汉语方面，Huang 和 Chen（2012b）进行了汉语篇章关系识别，在自标的四大类关系语料上，利用词、词性、上位词等特征训练分类器。四大类关系的划分正确率为 88.28%，F_1 值为 63.69%。虽然识别效果较好，但识别是隐式和显式一起进行的，故不能体现隐式关系的识别情况。张牧宇等（2013）进行中文篇章级句间语义关系识别，针对隐式篇章关系，他们抽取词汇、句法、语义等特征，采用最大熵和 SVM 分类器进行识别，实验结果表明除“扩展关系”外，其他类型存在高准确率、低召回率的特性。以最大熵模型下的“因果关系”为例，识别准确率达到 68.75%，召回率却只有 8.03%。可见，汉语隐式篇章关系识别任务比较困难。

综上可知，目前汉语篇章结构分析的各个子任务研究均不多，特别是隐式篇章结构分析相当困难。本章重点介绍基于 CDTB 的汉语的篇章结构分析平台。首先给出了汉语篇章结构分析平台框架，该平台采用自底向上的篇章结构树构建方法，综合了子句识别、连接词识别与分类、篇章关系识别、篇章单位主次识别等子任务。其次给出了实验所用特征和实验设置情况。最后给出了各个子任务的实验结果及汉语篇章结构分析平台的整体性能。

4.2　汉语篇章结构分析框架

在 CDTB 语料中，子句边界的标点位置均标注有其在篇章结构树中的连接词、层次和篇章单位主次等信息，根据这些信息可以对篇章结构信息进行训练，然后根据训练模型将篇章切分为子句序列，进而采用自底向上的方法自动构建篇章结构树，构建树的同时需要判断关系类别和篇章单位主次信息。由于子句是一个连续的序列，并且只有相邻的子句才会进行组合且由特定的关系进行连接，这就大大降低了搜索空间。

CDTB 语料中存在一个关系包含多个篇章单位的情况，如图 2.3 中的 d、e、f 是并列关系，该树并非二叉树结构，采用自底向上的方法进行组合时需要先将其转换成二叉树结构。本书通过添加虚拟节点，将多叉树转换为二叉树，树上的叶子节点为子句。篇章单位之间只考虑图 2.12 中的四大类关系。图 2.3 经过转换后如图 4.1 所示，并列关系的子句 d、e、f转换成二叉树后如图 4.1 中虚线框所示。图 2.3 中的显式连接词和隐式连接词在图 4.1 中分别用它们的语义类别代替。本章汉语篇章结构分析平台的目的就是对输入文本产生如图 4.1 所示的篇章结构树，该树所有的叶子节点是子句，内部节点是关系类别，篇章单位之间区分主次。

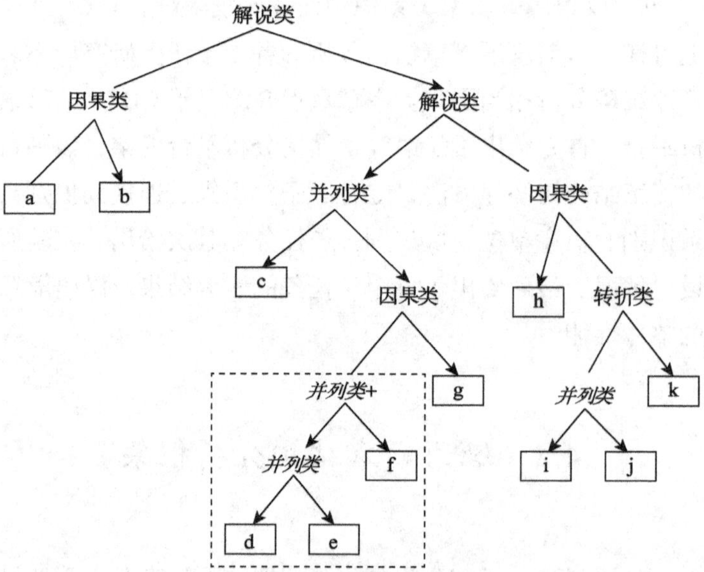

图 4.1　图 2.3 转换后的篇章结构树

为构建汉语篇章结构树，本书给出了一个汉语篇章结构分析平台，该平台参考英语篇章结构分析平台 HILDA（Joty，Carenini & Ng，

2012）的做法，整个平台由训练和测试两大部分组成。训练部分首先对 CDTB 语料进行处理，即将 CDTB 中多叉树转换成二叉树，篇章关系转换成四大类，同时将句法信息和 CDTB 中的篇章标注信息对齐。训练数据处理后，分别抽取相关特征得到子句识别分类器 SegClassifier（将篇章切分为子句序列）、结构识别分类器 StrClassifier（判断相邻的子句序列之间是否存在关系）、显式连接词识别器 ExpRecClassifier（识别篇章中存在的显式连接词）和显式篇章关系分类器 ExpRelClassifier（识别显式连接词的篇章关系类型）、隐式篇章关系分类器 ImpRelClassifier（判断存在关系的篇章单位之间具体的关系类别）、篇章主次分类器 CenClassifier（判断篇章单位的主次：在前、在后和并列）。

训练完成后，对测试文本按照图 4.2 所示的流程进行篇章结构树的构建。

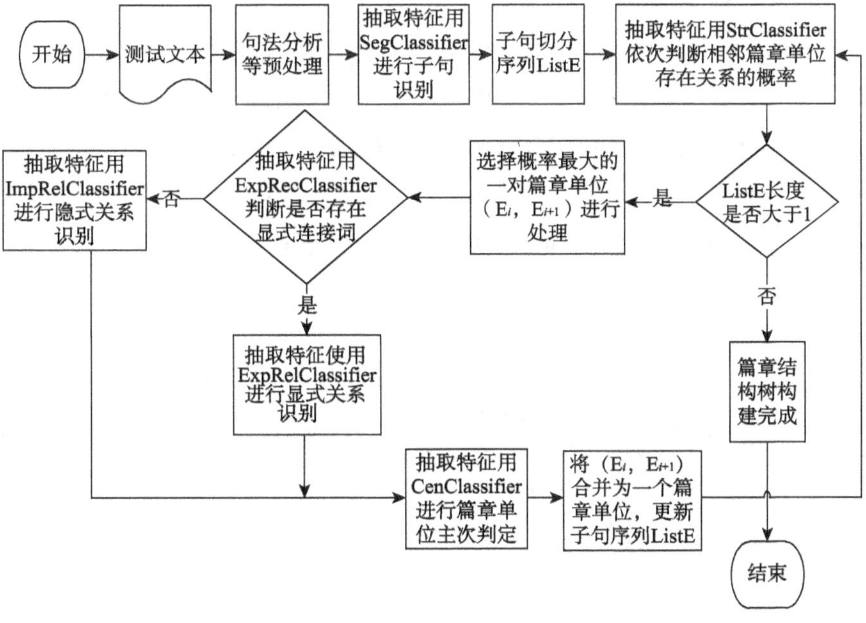

图 4.2　汉语篇章结构树构建流程图

如图 4.2 所示，测试文本进行句法分析后，首先使用 SegClassifier 进行子句识别，得到子句切分序列。然后利用 StrClassifier 判断相邻篇章单位之间是否存在关系，判断是否存在关系时分别计算相邻篇章单位存在关系的概率，选择概率最大的一个进行合并，并判断相邻篇章单位之间的篇章关系和篇章单位主次信息。判断关系前需先用 ExpRecClassifier 识别是否包含显式连接词，如包含则用显式关系分类器 ExpRelClassifier 进行分类，否则用隐式关系分类器 ImpRelClassifier 进行分类。篇章单位主次使用 CenClassifier 进行识别。以上操作循环进行，直到所有子句处理完毕即得到最终的篇章结构树。

本分析平台最重要的步骤是篇章结构树构建，本书采用自底向上的篇章结构树构建方法，算法伪代码如图 4.3 所示。在图 4.3 所示的算法中，输入的是切分好的子句，输出的是篇章结构树。E_i 表示 ListE 中的第 i 个元素。Label 函数是判断 E_i 和 E_{i+1} 之间关系的具体类别，用 ExpRecClassifier 判断是否有显式连接词，如果有显式连接词则用显式关系判断分类器 ExpRelClassifier，否则用隐式关系判断分类器 ImpRelClassifier。Center 函数是根据给定主次判断分类器 CenClassifier 判断 E_i 和 E_{i+1} 的中心指向。CreatTree 函数是创建包含关系和主次信息的子树，子树的左孩子是 E_i，右孩子是 E_{i+1}。本章的树构建方法目前比较简单，旨在报告一个初步的汉语篇章结构分析结果。

```
输入：ListE=[E1, E2, …]，文本的子句序列
输出：篇章结构树 FinalTree；
For Ei in ListE:
    For span(Ei, Ei+1) in ListE:
        # 计算 ei 和 ei+1 两个篇章单位之间存在关系的得分
        Score[i] = Prob (StrClassifier (Ei, Ei+1))
    While len(ListE) > 1:
        #取得分最大的合并
        i = argmax(Score)
        #判断关系
        newLabel = Label(ExpRelClassifier, ImpRelClassifier,
                         ExpRecClassifier, ei, ei+1)
        #判断主次
        newCenter = Center(CenClassifier, Ei, Ei+1)
```

```
#创建新的子树
newSubTree = CreatTree(Ei,Ei+1, newLabel, newCenter)
delete(score[i])
delete(score[i+1])
#将能合并的单位进行合并
        ListE = [E0, …, Ei-1, newSubTree, Ei+2, …]
FinalTree = E0
Return FinalTree
```

图 4.3　自底向上的篇章结构树生成算法

4.3　实验方法

4.3.1　所用特征

本章汉语篇章结构分析平台主要是基于有监督的机器学习方法，因此抽取有效的特征对平台性能非常关键。由 4.2 节可知，本分析平台可以拆分成多个子任务，每个子任务目标不一样，所用的特征也有所差别，下面详细介绍本平台中各个子任务所用的特征。

1. 子句识别

子句识别任务主要参考 Xue 和 Yang（2011）的特征，加上针对汉语子句识别任务简单特征，抽取每个标点的特征进行实验，所用特征及说明见表 4.1。

表 4.1　子句识别所用特征及说明表

特征组号	特征	说明
1	F1_P_N F1_W_N F2_P_N F2_W_N	从当前逗号到前一逗号或句首的范围内前面 N 个词的词性及词，后面 N 个词的词性及词
2	F3　F4	逗号之后第一个词的词性及词

续表

特征组号	特征	说明
3	F5_1 F5_2	逗号前后单元所包含的属于连接词表中的词
4	F6 F7 F8	逗号左右兄弟及其组合的句法信息标记
5	F9	逗号左右兄弟及逗号父亲句法信息组合
6	F10_1 F10_2 F10_3 F10_4 F10_5 F11_1 F11_2 F11_3 F11_4 F11_5	从当前逗号到前一逗号或句首是否包含“是”（VC）、表语形容词（VA）、“有”（VE）、其他动词（VV）、从属连词（CS）；从当前逗号到后一逗号或句尾是否包含“是”（VC）、表语形容词（VA）、“有”（VE）、其他动词（VV）、从属连词（CS）
7	F12 F13 F14	逗号的父节点是否为并列的 IP 结构、逗号是否为第一层子节点、逗号父节点是否是第一层并列 IP 结构
8	F15	逗号所在句子标点的集合
9	F16 F17	逗号到前一标点或句首句子长度是否小于 5，逗号左右两边句子长度差是否大于 7
10	F18	逗号所在句法树层次
11	F19 F20 F21	逗号的父节点、左兄弟节点、右兄弟节点是否为 NP
12	F22 F23	从本标点到前一个标点或句首的句子中，第一个词及最后一个词的词性及词的组合
13	F24	逗号前后单元包含的相同词及词性信息

例 2.4 中第 1 句话共有两个逗号，根据表 4.1 所述特征，抽取第 1 个逗号和第 2 个逗号相应特征值实例，例 4.1 和例 4.2 分别表示一个逗号的特征实例。实例中第 1 行表示逗号在整个语料中的顺序号，第 2 行表示逗号是否为子句边界，+1 表示标点为子句边界，−1 表示标点为非子句边界。抽取逗号特征实例时用到第 1 句话的句法信息，相应的句法树如图 4.4 所示。

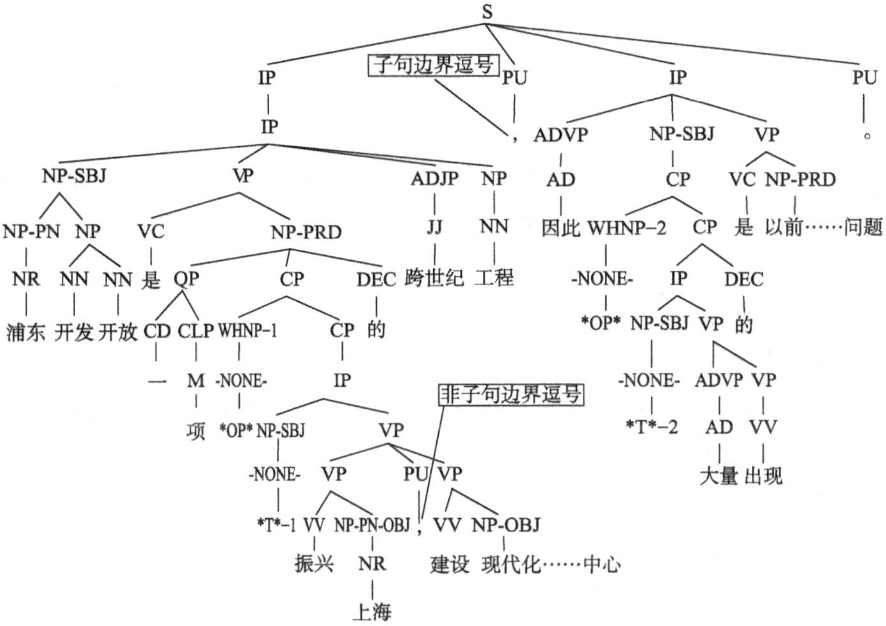

图 4.4　例 2.4 中第 1 个句子句法树信息

例 2.4 中第 1 个和第 2 个逗号最终得到的特征实例如例 4.1 和例 4.2 所示。

例 4.1　-1 F1_P_1=NR F1_W_1=浦东 F1_P_2=NN F1_W_2=开发 F1_P_3=NN F1_W_3=开放 F2_P_1=NR F2_W_1=上海 F2_P_2=VV F2_W_2=振兴 F2_P_3=M F2_W_3=项 F3=VP F4=建设 F6=VP F7=VP F8=VP+VP F9=VP+VP+VP F10_1=yesVC F10_4=yesVV F11_4=yesVV F15=，+，+。F17>7 F18=8 F19=yesNP F22=NR+NR F23=浦东+上海

例 4.2　+1 F1_P_1=VV F1_W_1=建设 F1_P_2=NN F1_W_2=现代化 F1_P_3=NN F1_W_3=经济 F2_P_1=NN F2_W_1=工程 F2_P_2=JJ F2_W_2=跨世纪 F2_P_3=DEC F2_W_3=的 F3=VP F3=AD F4=因此 F5_2=因此 F6=IP F7=IP F8=IP+IP F9= IP+S+IP F10_1=yesVV f11_1=yesVV f11_2=yesVC F15=，+，+。F17=1 F22=VV+NN

F23=建设+工程 F24=DEC

2. 连接词识别与分类

连接词识别与分类是抽取简单的词法、句法和位置特征进行连接词的识别和分类。所用特征如下，括号中内容以例 2.4 中的“因此”为例进行说明。

（1）词法特征

1）连接词及词性（因此 VD）。

2）连接词前后的2个词及词性（NN工程PU，AD大量VV出现）。

（2）句法特征

1）连接词节点句法信息（ADVP）。

2）连接词节点父亲节点信息（IP）。

3）连接词节点左兄弟节点信息（NULL）。

4）连接词节点右兄弟节点信息（NP）。

（3）位置特征

1）连接词是否位于句首（否）。

2）连接词前是否有标点（是）。

3. 篇章关系及主次识别

借鉴 Lin、Kan 和 Ng（2009）在 PDTB 上进行隐式关系识别时所用的特征，结合问题本身的特点、篇章关系及主次识别提取下面三组特征。

（1）上下文特征

在 CDTB 中，每一段话构成一个篇章结构树，因为本章对篇章结构树先进行了二叉化处理，所以每个关系包括两个篇章单位（Arg_1、Arg_2）。CDTB 中的一个篇章关系可能包括不止 1 个的关系类别，如例 4.3 所示，在这种情况下，笔者在生成实例时将它表示成两个具有不同类别的关系。

例 4.3　所有境内机构借用国际商业贷款应当经国家外汇管理局批准。|未经批准而擅自签订的国际商业贷款协议无效，外汇局将

不予办理外债登记，银行不得为其开立外债专用账户，借款本息不得擅自汇出。（转折类、并列类）

（chtb_0119）

观察处理后的语料可以发现，篇章关系对之间存在完全嵌入论元和共享论元两种最普遍的模式，如图 4.5 所示。

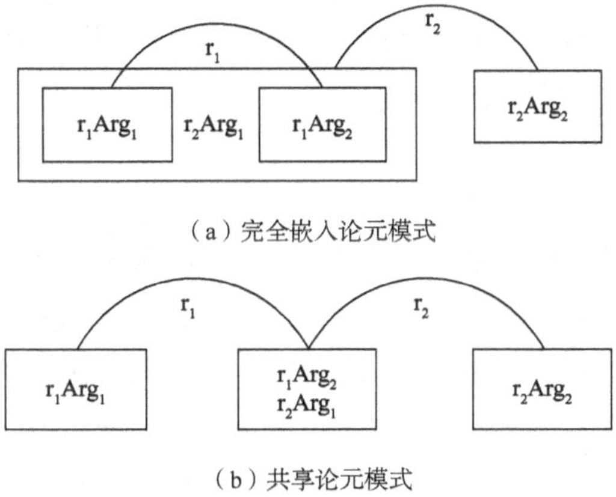

图 4.5　两种普遍篇章模式

借鉴 Lin 的上下文特征思想，根据 CDTB 中的具体情况，本书给出了完全嵌入论元和共享论元两种篇章模式的六个特征，如下所示。curr 指当前关系，pre 指上一个关系，next 指下一个关系。其中完全嵌入论元模式与 Lin、Kan 和 Ng（2009）的不同，本书判断当前关系是否完全嵌入上一个关系的 Arg_1 或者 Arg_2 中，下一个关系是否完全嵌入到当前关系的 Arg_1 或者 Arg_2 中。当上一个关系或者下一个关系为显式关系时，用它们的连接词作为上下文特征，此特征记为 FContext。

完全嵌入论元模式：

curr embedded in pre.Arg_1

curr embedded in pre.Arg_2

next embedded in curr.Arg_1

next embedded in curr.Arg_2

共享论元模式：

prev.Arg_2=curr.Arg_1

curr.Arg_2=next.Arg_1

（2）词汇特征

1）词对特征：在英语篇章关系处理中，已有实验证明，词对特征在关系的识别中非常有效。在特征 FWP（w_1，w_2）中，w_1 指 Arg_1 中一个词，w_2 指 Arg_2 中一个词。

2）词和词性：句子中的动词在一定程度上能够反映出句子的意图，因此判断每个论元是否有以下词性标注——"VV" "VC" "VE" "VA" "CS" "CC" "AD" "DEV" "BA" "SB" "LC"，如有则给出该词性对应的词和词性及其组合。此特征记为 FVwp。

（3）依存树特征

依存树描述出了各个词语之间的依存关系，即指出了词语之间在句法上的搭配关系，这种搭配关系是和语义相关联的。借鉴 Lin、Kan 和 Ng（2009）提出的特征，在本节中，首先利用 Stanford 句法分析器对每个句子进行依存句法分析，然后从每个论元对应的依存树中选择所有拥有被支配者的词和依存类型。每个论元根据其跨度的不同可能对应着完整依存树、子树或者多棵树。例 2.4 中第 1 句的依存分析树见图 4.6。

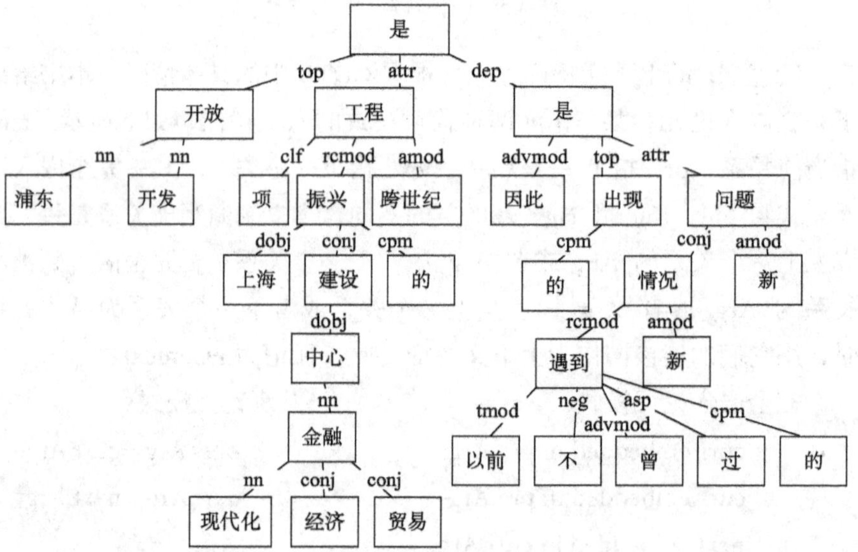

图 4.6　例 2.4 中第 1 句的依存分析树

如图 4.6 给出了例 2.4 中第 1 句的完整依存分析树，对于整棵树可以抽取如下的依存规则：是_top_attr_dep，开放_nn_nn，工程_clf_rcmod_amod，是_advmod_top_attr，振兴_dobj_conj_cpm，……以此类推，遍历整个依存树。核对每一个依存规则是否出现在 Arg_1 中、Arg_2 中或同时出现在两者中，最后表示为 3 个二元特征。此特征记为 FDep。

4. 篇章结构识别

篇章结构识别采用 Feng 和 Hirst（2014）在 RSTDT 上做篇章级的结构分析时所用的特征。它们的部分特征在本书前文已经提到，这里不再赘述。由于本书在构建篇章结构时使用的是全自动的方法，所以他们提到的篇章关系上下文信息并不总是可用，故本书使用连接词上下文信息代替。本书实验没有采用篇章生成规则，而是在结构分析时加入了以下特征。

（1）语义相似度

使用哈工大《同义词词林》（扩展版）计算词汇的相似度，同义词词林将每个词分为大类、中类、小类。本书所采用方法为计算 Arg_1 和 Arg_2 中的词对是否在同一个中类中，如果在，就抽取这个词对及其词性。

（2）上下文信息

1）为当前关系中的连接词，以及前一关系及当前关系连接词的组合。

2）为连接词及其前后词的词性。

3）同篇章关系及主次识别所用的上下文特征。

（3）依存树特征

依存树描述出各个词语之间的依存关系，即指出了词语在句法上的搭配关系，这种搭配关系是和语义相关联的，同 4.3.1 节所述依存树特征。

4.3.2 实验设置

CDTB 共有 500 个文档（chtb_001-chtb_0657），在 CTB6.0 中句子编号为 1~6648。每个篇章（段落）标注为一棵连接依存树，有效标注了 2342 个篇章。本章实验统一取 450 个文档做训练语料，50 个文档做测试语料。为保证数据的平衡型，CDTB 中每 100 个文档取前 90 个用于训练，后 10 个用于测试。表 4.2 给出 CDTB 中训练集和测试集的划分及标注情况，表中除文档标号信息外，其他信息均为语料中统计的个数。表 4.2 中给出的是语料中实际标注的情况，在没有转化为二叉树前，一个篇章关系可以包含多个子句。

表 4.2 CDTB 语料中训练和测试集划分

类别	训练集	测试集
文档数/个	450	50
文档标号	0001-0090、0101-0190、0201-0290、0301-0325、0400-0454、0500-0509、0520-0554、0590-0596、0600-0647	0091-0100、0191-0200、0291-0300、0510-0519、0648-0657
篇章树	2125	217
子句	9630	1013
显式关系个数	1657（解说类 188、转折类 163、因果类 426、并列类 880）	157（解说类 12、转折类 10、因果类 40、并列类 95）
隐式关系个数	4959（解说类 1276、转折类 38、因果类 786、并列类 2859）	537（解说类 140、转折类 1、因果类 79、并列类 317）
中心分布个数	单中心 3244（中心在前 1901、中心在后 1343）、多中心 3372	单中心 311（中心在前 207、中心在后 104）、多中心 383

在篇章结构分析的各项工作中，子句（基本篇章单位）识别是一项基础工作，所谓子句识别就是自动对输入的文本进行篇章单位分割，只有识别了子句，才能在此基础上做进一步的篇章结构分析。CDTB 中共有 15 985 个标点位置标注有篇章信息，其中标注为子句边界的标点有 10 937 个，非子句边界的标点有 5048 个，正例占 68.4%，主要原因是正例中包含句号、分号、问号和感叹号这些句末标点，这些标点一定是子

句边界。CDTB 中共有逗号 9552 个，其中标注为子句边界的逗号有 5304 个，标注为非子句边界的逗号有 4248 个，正例占 55.5%。子句考虑逗号的情况共抽取 8698 个训练实例（正例 4780 个，负例 3918 个），854 个测试实例（正例 524 个，负例 330 个）；子句识别只考虑句内标点的共抽取 8872 个训练实例（正例 4797 个，负例 4075 个）、878 个测试实例（正例 536 个，负例 342 个）。分别使用 NLTK①工具包中的决策树、最大熵、贝叶斯进行实验。

连接词识别与分类的任务是自动识别词语是否为连接词，如果是连接词则对其进行关系分类。在连接词识别实验中，对语料中标注的 274 个显式连接词，抽取所有出现这 274 个词的例子，其中标注了连接词的为正例，没有标注的为负例，如“和”有些时候是篇章连接词，为正例，但大多数情况下为负例。对于联合连接词（如“不但……而且……”），为了简单起见，本书将其处理为 2 个实例，经处理后共有 226 个连接词，如原来的“不但……而且……”“不但”“而且”，经处理后只剩“不但”和“而且”。实验共抽取 10 923 个实例，其中，训练实例 10 016 个（其中是连接词的实例有 1935 个，非连接词实例为 8081 个）、测试实例 907 个（其中是连接词的实例有 186 个，非连接词实例为 721 个）。连接词识别完成后，分别对给定连接词进行分类和自动识别连接词进行分类展开实验。在连接词分类实验中共有 2125 个实例，其中，训练实例 1938 个（解说类实例为 201 个，转折类实例为 237 个，因果类实例为 427 个，并列类实例为 1073 个）、测试实例 187 个（解说类实例为 11 个，转折类实例为 18 个，因果类实例为 44 个，并列类实例为 114 个）。

在隐式篇章关系识别任务中，隐式篇章关系中共有 6305 个实例，其中，训练实例 5688 个（解说类实例为 1276 个，转折类实例为 38 个，因果类实例为 786 个，并列类实例为 3588 个）、测试实例 617 个（解说类实例为 140 个，转折类实例为 1 个，因果类实例为 79 个，并列类实例

① http://www.nltk.org/

为 397 个）。出现多个关系类别时，扩展实例使之变为多个单关系类别。在系统的整体实验上，在进行生成训练和测试实例时进行了过滤，即一个句子内的子句不能和另一个句子内的子句或句子发生关系。如图 4.1 中，子句 b 和子句 c 由于不在同一个句子之中，因而不产生负例，子句 b 由于只是第 1 句的一部分，因此也不和第 2 句 cdefg 的组合产生负例，但第 1 句（ab 的组合）和第 2 句（cdefg 的组合）产生负例。训练过程共抽取出 10 554 个实例，其中存在关系（篇章单位之间存在连接）的实例有 7580 个。测试实例共有 987 个，其中存在关系的实例有 709 个。实验设计的输入是已经标注好的子句和自动分割的子句，设计的输出是对二叉树和多叉树的结构和关系分别进行评价。

对于篇章结构的打分，采用标准的 Parseval（Abney et al., 1991）打分矩阵，也就是正确的篇章结构占分析所得到的所有篇章结构的比例作为准确率 P，正确分析的篇章结构占参考答案所有篇章结构的比例作为召回率 R，以及综合考虑准确率和召回率的打分 F_1 值。

4.4 实验结果及分析

4.4.1 基于标点的子句识别

由于句号、分号、问号和感叹号这些标点一定是子句边界，故本节实验时将其排除，剩下的可能为子句边界的冒号、破折号、逗号等为句内标点。若无特殊说明，本节实验均指句内标点识别，句内标点的子句识别整体实验结果如表 4.3 所示。为验证本书所提特征的效果，文本将 Xue 和 Yang（2011）的工作重现，由于他们所做的工作是自动识别起到句号作用的逗号，和本书的任务不尽相同，实验数据不好直接对比，故本书仅使用 Xue 和 Yang（2011）的特征进行本书的子句识别，没有将其论文中的数据与本书数据直接进行对比。本书标记标点为子句边界的情况为正例，其识别 F_1 值记为 F_1（+）；对于标点非子句边界的情况，其识别 F_1 值记为 F_1（−）。具体实验结果见表 4.3。

表 4.3 句内标点是否为子句边界识别结果

分类器	使用本书特征						使用 Xue 和 Yang（2011）特征					
	标准句法树			自动句法树			标准句法树			自动句法树		
	正确率/%	F_1(+)/%	F_1(−)/%	正确率/%	F_1(+)/%	F_1(−)/%	正确率/%	F_1(+)/%	F_1(−)/%	正确率/%	F_1(+)/%	F_1(−)/%
最大熵	**93.9**	**95.0**	**92.3**	**91.8**	**93.2**	**89.6**	**93.5**	**94.7**	**91.8**	**90.9**	**92.4**	**88.6**
决策树	74.2	81.9	55.1	73.1	81.3	51.5	92.7	93.9	90.8	82.1	85.7	76.2
贝叶斯	91.6	93.0	89.7	88.8	90.6	86.3	91.6	93.0	89.6	88.8	90.7	85.8

从表 4.3 可以看出，使用本书的特征要比使用 Xue 和 Yang（2011）的特征结果好，说明本书所用的特征还是十分有效的。最大熵分类器在三个分类器中表现效果最好，用其作为分类器，采用标准句法树，正确率最高为 93.9%，采用自动句法树，正确率最高为 91.8%。使用本书特征时，对于标点为子句边界的情况，使用标准句法树和自动句法树的 F_1 值分别为 95.0%和 93.2%。对于标点非子句边界的情况，使用标准句法树和自动句法树的 F_1 值分别为 92.3%和 89.6%。从表 4.3 可以发现，F_1（−）比 F_1（+）效果要差，即标点属于非子句边界的情况比属于子句边界的情况识别效果差，原因是占主要地位的逗号非子句边界的情况比较复杂，如子句内部主语与谓语之间的情况，子句内部动词与宾语之间的情况，这些情况判断起来比较困难，且较难找到非常有效的特征。对于逗号是否为子句边界的实验结果如表 4.4 所示。

表 4.4 逗号是否为子句边界识别结果

分类器	标准句法树			自动句法树		
	正确率/%	F_1(+)/%	F_1(−)/%	正确率/%	F_1(+)/%	F_1(−)/%
最大熵	**93.8**	**95.1**	92.3	**91.2**	92.8	88.6
决策树	74.5	82.3	54.0	73.3	81.7	50.7
贝叶斯	92.1	93.5	89.9	89.1	91.0	86.1

由表 4.4 可知，上述三个分类器中最大熵的效果最好，采用 CTB6.0 中所提供的标准句法树，正确率为 93.8%，采用 Berkeley 自动句法树，正确率是 91.2%。对于逗号为子句边界的情况，使用标准句法树 F_1 值最高为 95.1%，使用自动句法树 F_1 值最高为 92.8%。对于逗号非子句边界的情况，使用标准句法树 F_1 值最高为 92.3%，使用自动句法树 F_1 值最高为 88.6%。从表 4.4 可以看出，逗号非子句边界的情况比逗号为子句边界的情况识别效果差，主要归纳原因如下：训练实例不均衡，正负比大约为 1.3∶1；逗号是非子句边界的情况比较复杂，如有子句内部主语与谓语之间的情况、子句内部动词与宾语之间的情况，判断起来比较困难，且较难找到非常有效的特征。

实验中约有 10%的情况子句识别错误，下面对其错误情况进行分析。

1）负例被错误地识别为正例

从上面实验可以看出，负例识别的效果较差，被错误识别的逗号主要是子句内部主语与谓语之间的逗号、子句内部动词与宾语之间的逗号、子句内部状语之间的逗号。被错误识别的逗号用下划线标示，具体情况如下：

例 4.4　出口快速增长，成为推动经济增长的重要力量。

（chtb_0097）

例 4.5　确立了“以资源换技术，以产权换资金，以市场换项目，以存量换增量”的利用外资新思路。

（chtb_0091）

例 4.6　天津港保税区投入运行五年来，已建成了中国第一货物分拨中心，具备了口岸关的功能，开通了天津港保税区经西安、兰州到新疆阿拉山口口岸的铁路专用线。

（chtb_0099）

例 4.4 中的逗号前面是整个句子的主语，逗号不能作为子句边界，但句法分析将“出口快速增长”分析为 IP，导致此逗号没有正确分类。只使用词法信息，其中包含“出口”（NN）和“增长”（VV），也较易识别为正例。例 4.5 中的逗号是句内动词和宾语之间的逗号，但系统识别时将其识别为子句，因为现在没有体现它们是句子宾语的信息。例 4.6 中的“天津港保税区投入运行五年来”是整个句子的时间状语，逗号表示句子内部状语之间的停顿，但“天津港保税区投入运行五年来”是个子句，从而导致识别错误。

2）正例被错误地识别为负例

例 4.7　内地经济长期稳定地增长，香港经济将从充满活力的内地经济中获益。

（chtb_0093）

例 4.7 中的逗号前的“增长”是动词，逗号后的“香港”是名词，导致分类器没有正确分类。

4.4.2　连接词识别与分类

本书主要进行显式连接词的自动识别与分类实验，实验内容与李艳翠等（2014）的基本相同，但李艳翠等（2014）主要是对清华汉语树库中的连接词进行识别与分类，而且清华汉语树库中并没有准确标注连接词信息，也没有句子与句子之间的连接词。本书所用的 CDTB 是以段落为单位进行标注的，连接词不仅有连接子句的连接词，还有连接句子的连接词。

1. 连接词识别

连接词识别所用的特征，如 4.3.1 节中连接词识别与分类特征，主要有词汇、句法和位置特征，表 4.5 给出了连接词识别的各个特征及特征组合的结果。

表 4.5　是否为连接词的识别正确率　　单位：%

语料库	特征	自动句法树			标准句法树		
		最大熵	决策树	贝叶斯	最大熵	决策树	贝叶斯
本书 CDTB	词汇	86.2	87.3	81.5	86.7	87.2	81.8
	句法	80.9	82.2	80.3	84.3	84.7	82.4
	词汇+句法	86.6	88.1	81.9	87.9	88.9	83.7
	词汇+句法+位置	87.2	88.4	83.4	88.2	88.5	85.3
TCT	词汇+句法+位置	91.2	92.1	88.1	—	—	—

从表 4.5 中可以看出，使用决策树效果最好，说明连接词识别问题并不太复杂，可以抽取出一定的规则。由实验可知，单纯的词汇特征对连接词的识别也有一定作用。利用词汇、句法和位置特征的组合进行连接词识别的效果最好，使用自动句法树和标准句法树连接词识别的正确率分别为 88.4%和 88.5%。本书实验所用特征与李艳翠等（2014）的相同，表 4.5 给出李艳翠等（2014）在清华汉语树库（TCT）上的部分实验结果。从表 4.5 中可以发现，使用决策树，本书实验结果比李艳翠等（2014）的低3.7%，主要原因是本书语料采用自标的汉语篇章结构语料库（CDTB），连接词包括句内连接词和句间连接词，而李艳翠等（2014）只考虑句内连接词，连接词由算法抽取，抽取时只考虑出现次数最多的连词（c）、副词（d）和连接词（l）三种词性，而本书没有做此限制，使用的连接词范围较广。

表 4.5 中给出的实验结果包含需要识别的但不是连接词的词的情况，这类词所占比例较高，经统计占 80%，故而总正确率较高。表 4.6 给出利用决策树和最大熵分类器，使用词汇、句法和位置特征对是连接词的词进行识别的准确率、召回率和 F_1 值。从表 4.6 中可知，对于连接词的识别，利用最大熵分类器的效果明显要好，在各种情况下，其连接词的识别准确率均高于召回率；使用自动句法树和标准句法树结果相差较小，使用自动句法树的 F_1 值为 69.2%，使用标准句法树的 F_1 值为 69.3%，说明连接词识别任务对句法分析性能的好坏依赖程度较小。

表 4.6　连接词识别的准确率、召回率和 F_1 值

分类器	类别	准确率/%	召回率/%	F_1 值/%
最大熵	自动句法树	78.8	61.8	69.2
	标准句法树	78.9	61.8	69.3
决策树	自动句法树	56.8	49.6	52.3
	标准句法树	58.9	48.5	52.7

2. 连接词分类

连接词识别完成后，需要对连接词进行分类，本实验使用连接词识别时所用的特征，利用最大熵分类器，分别对给定连接词和自动识别连接词进行分类实验。实验得出，给定连接词四大类分类结果总正确率为 95.7%，每种类别的识别结果如表 4.7 所示。

表 4.7　给定连接词四大类别的识别结果

类别	准确率/%	召回率/%	F_1 值/%
因果类	83.8	68.4	75.1
转折类	78.5	59.6	67.0
并列类	82.5	93.6	87.7
解说类	89.7	82.8	85.9

从表 4.7 中可以发现，所有类别结果均远远好于基准系统，解说类、并列类识别效果较好，因为解说类有比较明显的连接词（如“例如”），并列类所占比例较大，识别效果也较好。转折类识别效果最差，部分原因是转折类的一些词也可以表示并列关系，例“而”既可表示转折，又可表示并列，并列关系所占比例较大，影响了结果的判断。

通常，对连接词分类是在并不知道其是否为连接词的情况下进行的，因此首先需要确定某个词是否为连接词，然后对识别为连接词的词进行分类。实验分别抽取“是否为连接词”和“连接词类别”数据，测试时首先使用连接词识别分类器识别实例是否为连接词，若是连接词则使用连接词分类的分类器给出类别，实验得到连接词分类的总正确率为 89.1%，明显低于给定连接词的总正确率为 95.7%。表 4.8 给出了在连接词自动识别基础上进行连接词分类的每个类别的准确率、召回率和 F_1

值。仅从数据上看，因果类和转折类的 F_1 值高于给定连接词的结果（表 4.7），但二者之间没有可比性。表 4.8 是在连接词自动识别正确的情况下进行连接词分类的结果，识别出连接词后再判断其类别相对容易。

表 4.8　自动识别连接词四大类的识别结果

类别	准确率/%	召回率/%	F_1 值/%
因果类	72.8	80.5	76.2
转折类	73.2	70.8	71.2
并列类	64.7	95.8	77.2
解说类	82.5	86.7	84.5

分析实验结果可以发现，大部分篇章连接词只表示一种关系，有 34 个篇章连接词（占所有连接词的 12.4%）可以表示多种关系，识别错误主要由这部分连接词的歧义所导致。这类连接词总数虽然不多，但包含的常用连接词较多（如“并”“而”“但”）。同一连接词对应的关系类型越少、类型越集中，该词的歧义性越小。以显式连接词“而”为例，它对应的具体关系类型及关系大类分别如下：并列类 65 次（其中并列关系 39 次，对比关系 19 次，递进关系 6 次，顺承关系 1 次）；转折类 4 次（转折关系 4 次）；因果类 1 次（因果关系 1 次）。因此，连接词识别与分类的主要难点在于该词是否为带有歧义的连接词及该连接词关系类型的歧义问题。

4.4.3　隐式篇章关系识别

篇章结构分析的另一个关键内容是篇章关系的识别，本节实验主要识别隐式的四大类篇章关系。由 4.3.2 节实验设置可知，在训练语料中，并列类经过转换后共有 3588 个实例（占所有类别的 63.0%），取出结果均是概率最大的并列类为基准系统，系统正确率为 63.0%。采用 4.3.1 节中篇章关系及主次识别所述特征和最大熵分类器，四大类隐式篇章关系识别总正确率为 66.9%，本书隐式关系识别效果好于基准系统。每种类别具体的准确率、召回率和 F_1 值如表 4.9 所示。

表 4.9　四大类隐式篇章关系识别结果

<table>
<tr><th>类别</th><th>准确率/%</th><th>召回率/%</th><th>F_1 值/%</th><th>总正确率/%</th></tr>
<tr><td>因果类</td><td>37.5</td><td>19.2</td><td>24.9</td><td rowspan="4">66.9</td></tr>
<tr><td>并列类</td><td>72.6</td><td>85.8</td><td>78.1</td></tr>
<tr><td>解说类</td><td>54.7</td><td>45.5</td><td>49.2</td></tr>
<tr><td>转折类</td><td>—</td><td>—</td><td>—</td></tr>
</table>

在隐式篇章关系识别任务中，隐式篇章关系中共有 6305 个实例，其中训练实例 5688 个（解说类实例为 1276 个，转折类实例为 38 个，因果类实例为 786 个，并列类实例为 3588 个）、测试实例 617 个（解说类实例为 140 个，转折类实例为 1 个，因果类实例为 79 个，并列类实例为 397 个）。

表 4.9 给出了四大类关系识别的具体准确率、召回率和 F_1 值，可以看出并列类识别效果最优：这一方面和并列类在语料中的规模有关；另一方面，上下文特征中的共享论元模式大多数可以从并列类中得到，对于并列类的识别有针对性，所以并列类的识别最优。解说类识别效果次之，因果类再次之，这都和训练实例的规模有关。由实验设置可知，解说实例有 1276 个，占据 22.4%；因果实例有 786 个，占据 13.8%。但是转折实例只有 38 个，仅为 0.7%，在测试实例中，共有关系实例 617 个，转折类 1 个，仅占 0.2%，由此可知，转折关系在整个语料中数量较少，非常稀疏。从表 4.9 中可以看出，隐式转折关系因为数据稀疏问题没有识别出来，因此笔者又考虑到去除转折类后剩余三类关系的识别情况（见表 4.10）。去除转折类后总正确率为 67.2%，比四大类结果提升 0.3%。从表 4.10 中可以看出，因果类和解说类关系识别的 F_1 值均有所提升，因果类提升了 7.5%，解说类提升了 2.6%，但是并列类的 F_1 值却下降 0.8%。这种变化主要是由于数据类别的减少，去除转折类后，原来

的四元分类变为三元分类，导致结果发生变化。

表 4.10　三大类隐式篇章关系的识别结果

类别	准确率/%	召回率/%	F_1值/%	总正确率/%
因果类	40.6	27.7	32.4	67.2
并列类	73.7	82.3	77.3	
解说类	55.9	49.1	51.8	

张牧宇等（2013）在哈工大篇章结构语料 HIT-CDTB 上进行了隐式篇章关系识别的尝试，但由于 HIT-CDTB 采用 PDTB 系统进行标注，关系分类采用六大类，跟本书所提的连接依存树理论体系不一样，因此不好直接对比。分析张牧宇等（2013）的结果发现，其有并列类和因果类两个关系类别，因果类识别准确率为 68.7%，召回率为 8.0%，F_1 值为 14.4%；并列类准确率为32.3%，召回率为31.8%，F_1值为32.1%。这两种类别的实验结果单从数据上比较明显低于本书的结果。

4.4.4　篇章单位主次识别

篇章单位主次识别主要是对存在关系的篇章单位区分其之间的地位，主要有多中心、中心在前和中心在后三种类型。各种类别准确率、召回率和 F_1 值如表 4.11 所示。

表 4.11　篇章单位主次区分识别结果

分类设置	类别	准确率/%	召回率/%	F_1值/%	总正确率/%
分三类	中心在前	62.2	33.5	43.6	69.0
	中心在后	67.2	41.7	51.5	
	多中心	70.4	90.8	79.3	
分两类	多中心	72.7	82.1	77.1	70.8
	单中心	67.0	54.0	59.8	

多中心在训练语料中经转换共有 4257 个实例，占 56.7%，在测试语料中有 485 个实例，占 60.9%。从表 4.11 可以看出，多中心识别效果最好，这和语料中多中心数据规模有关。分三种类别时，总正确率为

69.0%，比测试数据偏向最大概率高 8.1%，说明此篇章单位主次识别是有用的。观察实验实例发现，中心在前的效果明显低于中心在后，而实验数据和测试数据中，中心在前的比例明显较大，说明中心在后的情况较好识别。如果考虑分成单中心和多中心两种类别，总正确率为 70.8%，比分成三类提高 1.8%。由于分成两类，多中心所占比例下降，F_1 值比分成三类下降 2.2%。

4.4.5　基于连接依存树的汉语篇章结构分析平台性能

汉语篇章结构分析平台包括子句识别、关系识别、结构树构建、主次识别等子任务。本节主要结合前面相关研究，给出汉语篇章结构分析平台的性能。该平台可以对输入的生文本进行处理，从而生成汉语篇章结构树。

篇章结构分析平台采用 4.2 节所示的分析框架，融合子句识别、连接词识别与分类、隐式关系识别、主次识别任务，采用图 4.3 所示的自底向上的方法进行汉语篇章结构树的构建。篇章结构树的构建非常关键，本节首先分别给出结构、关系的识别结果，然后给出系统整体性能。

1. 结构和关系识别结果与分析

结构识别主要是判断子句之间是否存在关系，用来构成无标签的篇章结构树。关系识别主要是判断存在关系的篇章单位之间具体的关系类别，结构和关系识别均分句内、句间和综合三种情况进行实验，结果如表 4.12 所示。

表 4.12　结构识别结果

类别	正确率/%	有关系			无关系		
		准确率/%	召回率/%	F_1 值/%	准确率/%	召回率/%	F_1 值/%
句内	80.3	80.0	95.7	87.2	81.3	43.7	56.9
句间	85.4	85.6	96.4	90.7	84.2	54.1	65.9
综合	81.1	81.2	95.7	87.9	80.0	43.4	56.3

在识别结构时，句内指训练和测试数据取自句内的情况，共有6165个训练实例（正例5029个，负例1136个）、568个测试实例（正例459个，负例109个），句内结构识别正确率为80.3%，识别存在关系的结构 F_1 值为87.2%。句间指训练和测试数据取自不同的句子，共有4389个训练实例（正例2551个，负例1838个）、419个测试实例（正例250个，负例169个），结构识别正确率为85.4%。综合指的是将以上句内、句间两种情况综合进行训练和测试，正确率为81.1%。从表4.12可以看出，有关系的结构识别结果明显高于无关系的结构识别结果，综合识别正确率介于句内和句间。

比较表4.12句内和句间的结果发现，句间结构识别的正确率高于句内，正确率分别为85.4%和80.3%。这个结果和英语的实验结果不同，Feng 和 Hirst（2012）中，英语的句内结构的识别结果均要好于句外。一个原因是英语的句子相对较短，结构清晰，汉语句子相对较长，并且复句所占比例较多，复句内部结构复杂；另一方面，大部分英语句子是主从结构，主语和从句非常清晰，但汉语省略较多，句子结构也比较复杂。如例2.4中的第2句共有107个字符，5个子句，3个关系，句内结构有三层，所以构建句2内部的结构树也是相当困难的任务。

关系识别是对存在关系的篇章单位之间的具体关系类别进行分类。关系包含显式和隐式，关系分类采用四大类。实验结果见表4.13。

表4.13　四大类关系识别结果

类别	正确率/%	并列类			解说类			因果类			转折类		
		准确率/%	召回率/%	F_1值/%	准确率/%	召回率/%	F_1值/%	准确率/%	召回率/%	F_1值/%	准确率/%	召回率/%	F_1值/%
句内	78.4	79.7	95.8	87.0	50.0	21.3	29.8	82.3	45.2	58.3	100.0	25.0	40.0
句间	69.6	72.7	91.6	81.1	50.0	44.0	46.8	73.9	34.7	47.2	100.0	5.2	4.7
综合	76.2	77.5	96.0	85.8	54.3	31.9	40.2	84.2	43.2	57.1	67.0	8.7	15.4

由表4.13可知，句内关系类别判断正确率为78.4%，句间69.6%，综合76.2%。并列关系识别效果最好，句内并列关系 F_1 值可以达到87.0%，将表4.13和表4.9对比可知，同时考虑隐式关系和显式关系的识

别效果比只考虑隐式关系的效果要好。

综合实验的结果显示，结构和关系的识别结果大都低于句内、高于句间。这说明对于结构和关系的识别可以分句内和句间分别处理，采用针对性的方法提高句间关系识别的性能。

在判断是否存在关系时，由于某些连接词会干扰判断结果，如例 4.8 中，a 和 b、c、d 的组合是转折关系，a 和 b 不直接发生关系，但 b 中有一个连接词“然而”，导致分类器错误地判断 a 和 b 之间有关系。

例 4.8　a 数年前，北海还是北部湾一个默默无闻的小渔村，||b 然而三五年时间北海已建成了一个现代化都市的框架，|||c 街上客流如潮，||||d 楼房拔地而起。

（chtb_0008）

在关系类别判断时，由于并列类实例较多，其他关系类别很容易被错判成并列类，如例 4.9 中两句话之间从意义上可以看出是因果类，但没有特别有效的特征识别这种关系，因此这个例子被错判为并列类。

例 4.9　a 但他却无法用“跳”来表达自己的激动之情。|b 三岁时一场高烧，使他患上了严重的小儿麻痹后遗症，||c 这一年他被福利院收养。

（chtb_0222）

2. 篇章结构树构建结果与分析

表 4.14 给出篇章结构树构建的结果。本书认为当且仅当系统判断有关系的实例和所标注的语料中的实例完全一致时，这个“结构”是正确的，即自动识别结构的左右子句和标注篇章中结构的左右子句内容完全一致。“结构+关系”是在正确识别结构的基础上，判断此结构对应的自动识别的四大类关系和标注的四大类关系是否一致。“结构+主次”是在结构一致的情况下，判断篇章单位的主次是否一致，篇章单位的主次分为多中心、左中心和右中心三种类别。“结构+关系+主次”是指

在结构一致的基础上，关系和中心判断也一致。表4.14对四种情况分别进行了实验，标准子句指语料中手工标注的子句，自动识别子句指本书基于句内标点自动识别的子句。

表 4.14 整个系统的性能

组合	结构			结构+关系			结构+主次			结构+关系+主次		
	准确率/%	召回率/%	F_1值/%	准确率/%	召回率/%	F_1值/%	准确率/%	召回率/%	F_1值/%	准确率/%	召回率/%	F_1值/%
1	54.9	56.3	55.6	33.8	34.3	34.5	25.8	26.5	26.2	24.0	24.5	24.2
2	51.7	53.0	52.3	33.4	34.3	33.8	22.6	25.4	23.9	22.9	23.4	23.2
3	46.0	51.5	48.6	27.5	30.7	29.0	21.8	24.1	23.1	19.9	22.2	21.0
4	44.0	49.1	46.4	27.3	30.5	28.8	21.5	24.8	23.1	19.0	21.2	20.0

注：1 使用标准子句和标准句法树；2 使用标准子句和自动句法树；3 使用自动识别子句和标准句法树；4 使用自动识别子句和自动句法树

表 4.14 中分别给出对应情况下的准确率、召回率和 F_1 值。“1”行给出了采用目前特征可以取得的最好结果，采用语料中标注的子句和标准句法信息，“结构”识别的 F_1 值为 55.6%，“结构+关系”识别的 F_1 值为34.5%，“结构+主次”识别的 F_1 值为26.2%，“结构+关系+主次”识别的 F_1 值为 24.2%。“4”行给出了完全自动方法所得到的结果，“结构”识别的 F_1 值为 46.4%，“结构+关系”识别的 F_1 值为 28.8%，“结构+主次”识别的 F_1 值为 23.1%，“结构+关系+主次”识别的 F_1 值为 20.0%；F_1 值分别比最好的情况低 9.2%、5.7%、3.1%和 4.2%。整体来说，“结构”的识别效果最好，其次是“结构+关系”的效果，再次是“结构+主次”的，识别效果最差也是最难做到的是得到如图 4.1 所示的“结构+关系+主次”篇章结构树。

对比表 4.14“2”行和“4”行的数据，可以发现，“2”行和“4”行都采用的是自动句法树。不同的是“2”行采用标准子句而“4”行采用自动识别子句，最后的结果是“4”行比“2”行的 F_1 值分别低了 5.9%、5.0%、0.8%和 3.2%。这个结果也充分说明了子句识别是篇章结构树构建的基础。从 4.4.1 节可知，本书的子句识别正确率基本达到了

91%，但处理流程开始的错误逐级向下传递。

对比“1”行和“2”行的情况，虽然都使用标准子句，但“1”行使用标准句法树，F_1 值分别比“2”行高 3.3%、0.7%、2.3%和 1.0%，这表明句法树对结果是有影响的。

由于本平台是在 CDTB 上的首次分析尝试，没有相关的实验可以对比，而且英语中基于 RST 语料的篇章结构分析目标也是构建篇章结构树，和本书类似，所以目前报告的最好结果如下：结构分析的 F_1 值为 85.7%（Feng & Hirst，2014），关系分类（18 类）的 F_1 值为 65.12%（Feng & Hirst，2012），“结构+主次”的 F_1 值为 70.95%（Ji & Eisenstein，2014；Hernault et al.，2010），“结构+主次+关系”的 F_1 值为 61.75%（Ji & Eisenstein，2014）。英语篇章结构分析研究较多，特别是子句切分基本接近标准子句，虽然汉英篇章语料、标注内容等数据不能直接做对比，但能看出汉语篇章结构分析研究还处于初步阶段，仍然有很多工作要做。

4.5 本章小结

本章主要在自建的 CDTB 语料上进行汉语篇章结构自动分析研究，实现了一个自底向上的汉语篇章结构分析平台。该平台包括子句识别、连接词识别与分类、隐式篇章关系识别、篇章单位主次判断等任务，目标是输入生文本，输出包含子句、关系类别、篇章单位主次和篇章层次结构的汉语篇章结构树。

由于子句之间一定有标点分割，因此本书采用基于标点的子句识别方法，实验结果表明本书子句定义合理，自动分割子句切实可行。对于显式篇章关系，连接词的识别比较关键，本章采用有监督的方法进行连接词的识别与分类，并给出初步实验结果。对于隐式篇章关系，本章进行了四大类的关系识别实验。对于篇章单位主次，本章识别了每个关系的左中心、右中心和多中心三种主次分类情况。最后，本章采用自底向上逐级规约的方法构建汉语篇章结构树，并结合以上研究给出了完整的汉语篇章结构分析平台。该平台既可以进行单个任务的实验，也可以进行整体分析，实验结果可以为今后汉语篇章结构分析研究提供参考。

第 5 章

汉英篇章结构分析研究

5.1 汉英篇章结构对齐和标注研究

5.1.1 引言

篇章结构平行语料库是对具有语言对译关系的双语文本标注了平行篇章结构信息（含篇章单位及属性和层次化结构及关系等）的语料库。例 5.1 给出了一个汉英平行的篇章结构标注文本（含对齐的层次化结构和关系）。

例 5.1 （A）a 少年姓孙，||[并列]b 属马，|[并列]c 比小水小着一岁，|||[并列]d 个头也没小水高，||[转折]e 人却本分实诚。

（贾平凹《浮躁》）

（B）1 This boy, a member of the Sun family, ||[并列]2 had been born in the year of the horse.|[并列]3 Although he was a year younger ||| [并列]4 and a head shorter than Water Girl, || [转折]5 he was honest and sincere.

（Goldblatt，1991）

平行语料库和篇章结构语料库近年来都有较大发展。国际上，平行语料库自 20 世纪 90 年代以来快速发展，中国的汉英平行语料库建设基本与国际同步，并取得较多进展（Wu，1994；王克非，2004；刘泽权、田璐、刘超朋，2008；胡开宝、邹颂兵，2009）。然而整体来看，现有的汉英平行语料库除做了一般性段落、句子、短语对齐工作外，很少进行句法、语义等深度标注加工，特别是篇章层面的标注加工，还没见到相关的理论和实践。另外，英语篇章结构语料库建设已取得比较成熟的成果（Carlson，Marcu & Okurowski，2003；Prasad et al.，2008；Wolf & Gibson，2005），在汉语方面也有一些理论探索和实践（Xue，2005；乐明，2008；Zhou & Xue，2012），但至今未见到汉英等双语平行的篇章结构语料库理论与实践工作。篇章结构平行语料库的匮乏制约了基于篇章的机器翻译等技术的发展。笔者所在研究团队于 2011 年开始了大规模的汉语篇章结构语料库的建设工作，目前基本完成了 CDTB1.0 版中 500 个文档的建库工作。在这个基础上，笔者所在研究团队提出并于 2012 年开始了汉英篇章结构平行语料库（Chinese-English Discourse Treebank，CEDB）的建设工作。本章所汇报的工作是基于已进行的标注实践。

对齐标注是汉英篇章结构平行语料库的核心理论基础。不同于一般的平行语料库的工作，它既要求单位对齐（篇章单位对齐），还要求结构与关系对齐（篇章结构与篇章关系对齐）等。它又不同于一般单语篇章结构语料库的工作，因为它要在篇章结构标注的过程中同时考虑对齐的问题。从某个角度可以认为，汉英篇章结构平行语料库的对齐标注实质上是对齐与标注合二为一的工作。因为这些原因，本工作富有挑战性和创新性，在机器翻译等领域将有独特的应用价值，对于其他的平行语料库工作也将有一定理论启示意义。

5.1.2 研究现状

对于平行语料库的对齐和标注工作，目前的平行语料库工作有以下主要特点：①理论上认为对齐和标注两个工作可以相对独立进行。通常对齐在前，然后单独进行各个层面的标注，这也是平行语料库前期对齐较多而深层标注较少的原因。②对于对齐，多理解为语言单位对齐，如有段落、句子、小句、短语、词语等各级语言单位的对齐工作，一般不进行各个层级的结构对齐工作。③由于标注独立于对齐，标注工作基本等同于单语上的标注工作，并不考虑双语问题。

这种“对齐和标注相对独立，有单位对齐而无结构对齐”工作模式的形成，与理论上认为双语的语言结构，特别是句法结构有巨大差异有关，由于句法结构的差异，不可能有对齐的句法结构，也不可能有对齐的词性标注等，这就从根本上造成了目前的工作模式。由于对齐和标注的相对独立，又由于有单位对齐而无结构对齐，平行语料库不能高效指导后续的语言技术。比如，在基于结构转换的机器翻译中（刘群，2008），结构对齐不能在现有的平行语料库中得到高效指导，结构转换也不能得到高效指导。

本书在篇章结构平行语料库的工作中考虑解决以上问题。在汉英篇章结构平行语料库工作中，将实现“对齐和标注并行，单位对齐和结构对齐共进”的目标。这与篇章结构的双语差异客观上可能没有句法结构的差异那么大、那么精细有关，也与主观上语言学理论对于篇章结构的认识还没有那么根深蒂固有关。

关于篇章结构语料库的标注工作，虽然目前的篇章结构语料库主要是单语工作，但有关的基本篇章单位定义、篇章结构划分、篇章关系体系及标注等规范，对于双语篇章平行结构语料库的标注工作仍然部分或完全有效。然而，由于要考虑双语对齐，特别是结构对齐，双语篇章结构平行语料库的标注工作对于基本篇章单位、篇章结构划分、篇章关系划分将有一些特别的考虑，而某些标注及其结果也会和单语上的工作完全不同。由于双语对齐视野，本书对于篇章结构及其标注会有新的认识，这将使研究者对篇章结构有比较深入全面的认识。

5.1.3 汉英篇章结构平行语料库的对齐标注策略

1. 对齐标注总原则

汉英篇章结构平行语料库的对齐标注总原则是“结构对齐、关系对齐”。例 5.1 即是按照这一原则构建的一个对齐标注语料，该例有完全相同的结构层次和篇章关系。关于对齐标注原则，有以下几点需要说明。

第一，本原则的基本假设是具有对译关系的篇章，其内部的层次结构和结构关系一一对应。本质上篇章结构是一种逻辑语义结构，对于一个优质的翻译文本，源语中的因果、转折、并列等逻辑语义关系必然在目的语中得到反映，而且该逻辑语义关系的结构层级等也会得到较好反映。所以这里的“结构对齐、关系对齐”本质上是逻辑语义结构对齐。

第二，本原则没有明确体现单位对齐，这并不意味着没有单位对齐，因为单位对齐是结构对齐的必然结果之一。标注过程中，主要着力于自顶向下的逐层结构对齐，其间及最终自然带来各级篇章单位、直至最小篇章单位的对齐。

第三，本原则在实现结构标注、关系标注的同时，实现它们的双语对齐。所以它实质上是一个“标注中有对齐，对齐中有标注”的对齐与标注合二为一的过程。

汉英篇章结构的对齐标注，包括切分对齐、结构对齐、关系对齐、中心判定对齐等几个关键对齐处理任务，下面分述它们的具体处理，本节各例均取自《中华人民共和国宪法》（中英文），语料来源为中国人大网。①

2. 切分对齐

切分对齐指篇章单位对齐，它被用来解决某一语段能否被切分或到何处进行切分的问题。其中的关键问题是基本篇章单位对齐问题。基本篇章单位即最小篇章单位，它是篇章结构自顶向下切分的终点（在从下到上的篇章结构组合中，它是起点）。汉语与英语的基本篇章单位有重要差异，要在切分对齐工作之初给出一个同时适合汉英两种语言的基本篇章单位定义，并用以工程实践是困难的。在这个问题上，笔者采用

① http://www.npc.gov.cn/npc/c505/201803/e87e5cd7c1ce46ef866f4ec8e2d709ea.shtml.

“源语（汉语）优先”的对齐策略，即首先按既定的汉语基本篇章单位定义进行切分，然后以英语对齐，最终根据结果归纳英语的基本篇章单位。例 5.1 的切分对齐就是在这一原则下实现的。对于汉语基本篇章单位，本书采用了一个操作性强的标准：子句是篇章分析的基本单位，含传统单句和复句中的分句。结构上，子句至少包含一个谓语部分，至少表达一个命题；功能上，子句对外不作为其他子句结构的语法成分，子句和子句间发生命题关系；形式上，子句间一定有标点分割，通常是逗号、分号和句号等。在实际语料中，一些与典型子句在结构、功能、形式上类似的传统的所谓短语，在特定条件下也作为子句处理。

需要指出的是，汉语与英语基本篇章单位的差异主要在于内部结构及外部连接形式，其对外语义功能是一致的，即均与其他篇章单位发生命题间因果、转折等关系，而非发生句法成分之间的语义关系。从处理结果上看，这种对齐切分的结果表现为以下几种。

1）双语文本都是典型的篇章单位

结合本书子句定义，例 5.2 和例 5.3 中的子句都是典型的基本篇章单位，其中汉语子句用 a、b、c 等标示，对应的英语子句用 1、2、3 等标示，后面例子的标注方式一样。

例 5.2 （A）a 中华人民共和国各民族一律平等。|b 国家保障各少数民族的合法的权利和利益，||| c 维护和发展各民族的平等、团结、互助关系。|| d 禁止对任何民族的歧视和压迫，||| e 禁止破坏民族团结和制造民族分裂的行为。

（B）1 All nationalities in the People's Republic of China are equal. |2 The State protects the lawful rights and interests of the minority nationalities||| 3 and upholds and develops a relationship of equality, unity and mutual assistance among all of China's nationalities. || 4 Discrimination against and oppression of any nationality are prohibited;||| 5 any act which undermines the unity of the nationalities or instigates division is prohibited.

例 5.3 （A）a 一九一一年孙中山先生领导的辛亥革命，废除了封建帝制，||b 创立了中华民国。|c 但是，中国人民反对帝国主义和封建主义的历史任务还没有完成。

（B）1 The Revolution of 1911, led by Dr. Sun Yat-sen, abolished the feudal monarchy|| 2 and gave birth to the Republic of China. |3 But the historic mission of the Chinese people to overthrow imperialism and feudalism remained unaccomplished.

2）源语是典型的篇章单位，目的语不是典型的篇章单位

在例 5.4 中，画线部分的汉语是一个典型的汉语基本篇章单位，具备基本篇章单位的结构和功能；而对应的英语不是一个典型的英语基本篇章单位，仅具备基本篇章单位的功能。

例 5.4 （A）a 人民依照法律规定，通过各种途径和形式，管理国家事务，|b 管理经济和文化事业，||c 管理社会事务。

（B）1 The people administer State affairs| 2 and manage economic and cultural undertakings ||3 and social affairs through various channels and in various ways in accordance with the provisions of law.

3. 层次结构对齐

层次结构对齐要求双语的篇章层次结构完全一致。篇章层次结构是篇章单位语义亲近程度的反映，具有一定客观性。双语的篇章层次结构通常会自然对应。如例 5.2 中，汉英的层次结构就有自然对应。在这种情况下各自独立进行标注，也会得到双语篇章层次结构对齐。

但由于篇章层次结构有一定理解上的主观性，目的语中会加入翻译者理解上的主观性，并进而影响目的语的层次结构。在这种情况下，笔者使用目的语优先原则进行层次结构对齐。如例 5.1，单看其中的汉语例句，其可能的处理结果有以下两种（例 5.5 中的 A、B）。

例 5.5 （A）a 少年姓孙，||b 属马，||c 比小水小着一岁，||d 个头也没小水高，|e 人却本分实诚。

（B）a 少年姓孙，|b 属马，||c 比小水小着一岁，|d 个头也没小水高，|e 人却本分实诚。

但参照目的语，最好的层次结构处理即为例 5.1 中的处理方式。这种处理在目的语中也有较好的形式标志。如例 5.1 英语例句中的第一个句号，以及其中的连接词（although、and）都可以较好地作为层次结构划分的标志。

篇章层次结构对齐也受双语搭配差异的影响，为了较好实现结构对齐，本书也需采用目的语优先原则。如例 5.4 中并列结构的处理，单看其中的汉语例句，其可能的处理结果见例 5.6。

例 5.6 a 人民依照法律规定，通过各种途径和形式，管理国家事务，|b 管理经济和文化事业，|c 管理社会事务。

但考虑到英语的搭配，最终选择例 5.4 中的处理方式。

例 5.4 中的英语谓语动词 adminster 和 manage 所引导的篇章单位首先构成第一层并列，这样汉语也在对应之处处理为第一层并列；汉语原有的后一个并列，则处理为第二层并列，因为在英语中，后一个并列共享一个谓语动词 manage。这种“注重形式，目的语优先”的层次结构对齐方式，有利于指导后续机器翻译中的结构转换等工作。

4. 关系对齐

关系对齐要求双语相应结构的具体篇章关系所属类别判定要一致。由于关系对齐一般是在层次结构对齐的基础上进行的，所以关系对齐相对容易处理，通常判定一种语言的篇章关系，同时运用于两种语言即可。这里的难点在于，有些时候很难判定具体篇章关系究竟属于哪个类别，不过这是单语篇章分析中才会遇到的问题。本书一般运用单语篇章分析中的一些方法来进行关系判定，并进而进行双语关系的对齐和标注。

添加连接词法：为当前关系添加某类关系的典型连接词，如果连贯顺畅，该关系可能即为当前关系的所属类别。如例 5.7 通过添加“但是”测试，可以判定相应关系为转折关系。

提问回答法：用适合于某类关系的提问方式测定当前关系，如果当前关系的前后项比较适合该提问方式，则认定当前关系即该类关系。如例 5.7 中对前项提问“怎样区域自治”，而后项适合作为该项的回答，可以认定当前关系为解释关系。

例 5.7 （A）a 各少数民族聚居的地方实行区域自治，||b[解释](提问：“怎样区域自治？”)设立自治机关，|||c[目的]（添加连接词“以”）行使自治权。|d[转折]（添加连接词“但是”）各民族自治地方都是中华人民共和国不可分离的部分。

（B）1 Regional autonomy is practised in areas where people of minority nationalities live in concentrated communities; ||2[解释]in these areas organs of self-government are established|||3[目的] to exercise the power of autonomy.|4[转折]All national autonomous areas are integral parts of the People's Republic of China.

不过，相对于单语，一些在源语中没有形式标记的关系，可能在目的语中得到形式显化。如在例 5.7 中，目的关系在汉语中没有形式标记，但在英语中有 to 来显化这个关系。这意味着平行语料库中的篇章关系的判定要比在单语中可能更容易。

5. 中心对齐

中心通常指的是关系项的主旨或重点，中心对齐要求双语文本对于关系项主次地位的判定一致。中心项的确定有客观性，但也有理解上的主观性，翻译中会加入翻译者的理解，进而影响目的语的语言结构，笔者使用目的语优先原则进行对齐。这时候目的语一般有形式标志，如例 5.8 中画线所示的英文篇章单位的不定式形式提示该项在相应关系中的非中心地位，例 5.9 中画线的英文篇章单位的名词短语限定形式、定语从句形式和主要谓语形式提示相应项的主次地位。采用目的语优先的中心对齐标注，对于机器翻译中主从结构转换等会有一定的指导意义。

例 5.8　（A）a 各少数民族聚居的地方实行区域自治，|b 设立自治机关，*||c 行使自治权。

（B）1 Regional autonomy is practised in areas where people of minority nationalities live in concentrated communities; |2 in these areas organs of self-government are established*||3 <u>to exercise the power of autonomy</u>.

（注：这里用“*”标记相应层次结构的中心项，下同）

例 5.9　（A）a 中国人民政治协商会议是有广泛代表性的统一战线组织，*||b 过去发挥了重要的历史作用，|*c 今后在国家政治生活、社会生活和对外友好活动中，在进行社会主义现代化建设、维护国家的统一和团结的斗争中，将进一步发挥它的重要作用。

（B）1 The Chinese People's Political Consultative Conference, <u>a broadly based representative organization of the united front</u> * ||2 <u>which has played a significant historical role,</u> |*3 <u>will play a still more important role</u> in the country's political and social life, in promoting friendship with other countries and in the struggle for socialist modernization and for the reunification and unity of the country.

6. 角色分布对齐

角色指的是篇章关系中关系项的角色地位，如在因果关系中，一个关系项为“原因”项，一个关系项为“结果”项。角色分布指关系项的位置分布或顺序，比如汉语中“原因”通常在前，“结果”通常在后。研究者区分角色是否符合常规分布，并按是否符合汉语的角色分布常规，作为角色分布的对齐标准。比如，同样是因果关系，英语中“原因”在后、“结果”在前可能是英文的常规。但对于双语对齐判定来说，同样认定英语的“原因”在后、“结果”在前也是“不合常规”的。这种对齐对于机器翻译中的语序调整将起一定作用。

5.1.4 对齐标注的实现

1. 标注平台

为了获得高效、一致的标注，笔者开发了一个汉英篇章结构对齐标注平台。实现的功能包括双语导入、篇章单位切分、层次结构标注、连接词标注、关系标注、角色分布标注、中心标注。标注平台的工作界面见图 5.1，导入的例子为例 5.3。为了便于进行结果的直观对比，中英双语的对齐标注均给出树图显示。直观上看，如果汉英双语的篇章结构是对齐的，树图结构则完全一致。汉英篇章结构标注结果的直观图式见图 5.2、图 5.3。

图 5.1 汉英篇章结构平行语料库对齐标注平台界面

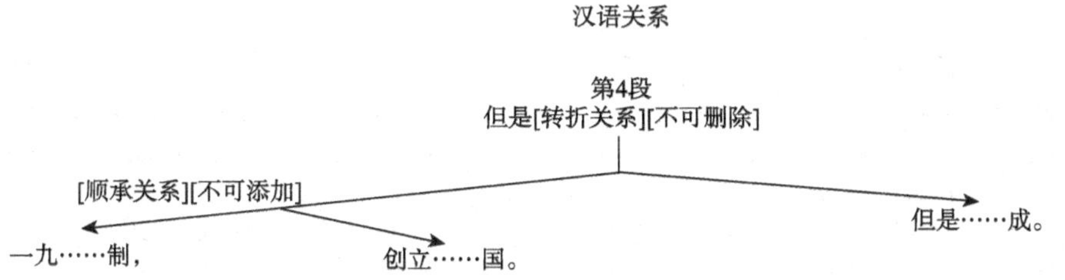

图 5.2　汉语篇章结构标注结果直观图式

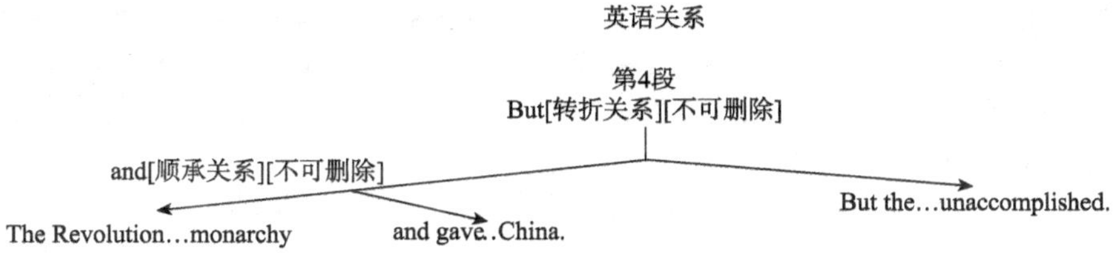

图 5.3　英语篇章结构标注结果直观图式

2. 标注操作

为了保证对齐标注，本书制定了对齐标注操作流程规范，主要原则：从汉到英，从上到下，从左到右，以层次结构对齐为基点，步步对齐。“从汉到英”指标注操作顺序是从汉语到英语。这一方面与本工程是“汉—英”方向的平行语料库有关，另一方面也与标注者因具有汉语母语背景而从汉语容易入手有关。当然操作之前的心理判定过程，特别是层次对齐、关系对齐阶段可能经常会有“汉—英”“英—汉”的双向参照过程。“从上到下，从左至右”指标注中层次结构的划分遵循从上到下、从左至右的结构切分。

3. 标注结果

标注结果保存为 XML 格式，双语标注结果各自独立保存，二者的对齐关系通过段落号（P ID）、关系号（R ID）等体现。图 5.4 和图 5.5 给出例 5.3 的标准结果保存实例。

```
<P ID="4">
<R ID="4" StructureType="逐层切分" ConnectiveType="显式关系" Layer="1" RelationNumber="单个关系" Connective="但是" RelationType="转折关系" ConnectivePosition="35…36" ConnectiveAttribute="不可删除" RoleLocation="normal" LanguageSense="true" Sentence="一九一一年孙中山先生领导的辛亥革命，废除了封建帝制，创立了中华民国。|但是，中国人民反对帝国主义和封建主义的历史任务还没有完成。" SentencePosition="1…34|35…63" Center="2" ChildList="5" ParentId="−1" UseTime="20"/>
<R ID="5" StructureType="逐层切分" ConnectiveType="隐式关系" Layer="2" RelationNumber="单个关系" Connective="" RelationType="顺承关系" ConnectivePosition="" ConnectiveAttribute= "不可添加" RoleLocation="normal" LanguageSense="true" Sentence="一九一一年孙中山先生领导的辛亥革命，废除了封建帝制，|创立了中华民国。" SentencePosition="1…26|27…34" Center="3" ChildList="" ParentId="4" UseTime="72"/>
```

图 5.4 汉英篇章结构平行语料库汉语标注保存实例

```
<P ID="4">
<R ID="4" StructureType="逐层切分" ConnectiveType="显式关系" Layer="1" RelationNumber="单个关系" Connective="But " RelationType="转折关系" ConnectivePosition="116…119" ConnectiveAttribute="不可删除" RoleLocation="normal" LanguageSense="true" Sentence="The Revolution of 1911, led by Dr. Sun Yat-sen, abolished the feudal monarchy and gave birth to the Republic of China.|But the historic mission of the Chinese people to overthrow imperialism and feudalism remained unaccomplished." SentencePosition="1…115|116…225" Center="2" ChildList="5" ParentId="−1" UseTime="25"/>
<R ID="5" StructureType="逐层切分" ConnectiveType="显式关系" Layer="2" RelationNumber="单个关系" Connective="and" RelationType="顺承关系" ConnectivePosition="76…78" ConnectiveAttribute="不可删除" RoleLocation="normal" LanguageSense="true" Sentence="The Revolution of 1911, led by Dr. Sun Yat-sen, abolished the feudal monarchy| and gave birth to the Republic of China." SentencePosition=" 1…74|76…115" Center="3" ChildList="" ParentId="4" UseTime="14"/>
```

图 5.5 汉英篇章结构平行语料库英语标注保存实例

对齐标注是汉英篇章结构平行语料库的核心理论基础，本书提出“结构对齐、关系对齐”的对齐标注策略，应用于切分对齐、层次结构对齐、关系标注对齐、中心对齐等环节，实现了“对齐和标注并行，单位对齐和结构对齐共进”的平行语料库构建模式的目的。本策略辅之以相应工作平台和工作程序，被证明是一种高效的篇章结构平行语料库工作方式。

5.1.5 难点问题及其解决

1. 基本篇章单位问题

对齐切分以汉语标准为优先原则，汉语切分中篇章结构和复杂句结构的区分是个难点。如例 5.10 中，如果认为“在……以后，终于”是表顺承关系的连接词，可以认为画线部分就是一个基本篇章单位。不过，传统语法一般把其分析为状语，作为句法结构的一部分。这是篇章结构和句法结构有过渡地带的反映。笔者暂按传统语法，把画线部分的分析留给句法结构。

例 5.10 一九四九年，以毛泽东主席为领袖的中国共产党领导中国各族人民，**在**经历了长期的艰难曲折的武装斗争和其他形式的斗争**以后**，**终于**推翻了帝国主义、封建主义和官僚资本主义的统治，取得了新民主主义革命的伟大胜利，建立了中华人民共和国。

2. 篇章关系问题

由于目前的篇章关系体系还不是一个严格逻辑体系，并且篇章关系的理解具有一定的主观性，因此当缺少明显关系标记的时候，关系对齐标注就成为比较困难的问题。笔者采取两种策略解决这个问题。

第一，制定形式策略，保证篇章关系判定的客观性。常用方法如下。

添加连接词法：为当前关系添加某类关系的典型连接词，如果连贯顺畅，则该关系可能是当前关系的所属类别。如通过能否添加“但是”来判定相应关系是否为转折关系。

提问回答法：用适合于某类关系的提问方式测定当前关系，如果当前关系的前后项比较适合该提问方式，则认定当前关系是该类关系。如例 5.11 对前项提问“怎样区域自治”，而后项适合作为该项的回答，则可以认定当前关系为解释关系。

例 5.11　a 各少数民族聚居的地方实行区域自治，||b [解释](提问："怎样区域自治？")设立自治机关,|||c[目的](添加连接词"以")行使自治权。|d[转折](添加连接词"但是")各民族自治地方都是中华人民共和国不可分离的部分。

第二，允许多种篇章关系存在，但一般不超过三种。从不同角度看，可能同时存在多种关系（见例 5.12）。这既可减少关系判断的困难与分歧，也较真实地反映了篇章关系事实。

例 5.12　a 平等、团结、互助的社会主义民族关系已经确立，/b[顺承；并列；递进]并将继续加强。

3. 中心问题

由于对中心的理解存在主观性，在缺少一定形式标志的时候，中心对齐就成为困难问题，但可以通过两种策略解决。

第一，制定形式策略，保证中心判定的客观性。通常可用删除法来测试。

删除法：关系中的中心项不可删除，非中心项可以删除。二者的区别在于非中心项删除后，句子仍然保持原有的连贯关系，而中心项对外具有代表性，删除后不能保持原有的连贯关系。

第二，允许多个中心存在。当无法利用形式标志和既定策略判定中心项的时候，允许多个中心存在。如例 5.13 中的第一层前后项均为中心。另外，并列结构一般是多中心结构。

例 5.13　a 各少数民族聚居的地方实行区域自治，*||b 设立自治机关，*|||c 行使自治权。*|*d 各民族自治地方都是中华人民共和国不可分离的部分。

值得指出的是，以上这些难点问题大多是单语篇章结构标注中就存在的问题。

下一步工作中，笔者将不断完善本标注策略，进一步扩大标注实验，形成完整的对齐标注规范和相关篇章结构标注规范，最终研制出一个大规模的汉英篇章结构平行语料库供学界和工业界使用。

5.2　汉英篇章结构对齐评估

5.2.1　引言

汉英篇章结构平行语料库是为汉英双语翻译文本标注了对齐篇章结构信息的语料库，主要内容见 5.1 节。例 5.14 给出了一个汉英篇章结构的对齐标注文本。

例 5.14　（A）a 现在，我代表国务院，||b 向大会作政府工作报告，|||c 请各位代表审议，|d 并请全国政协委员提出意见。

（《中国政府工作报告》，2011）

（B）1 On behalf of the State Council,||2 I now present to you my report on the work of the government|||3 for your deliberation and approval. |4 I also invite the members of the National Committee of the Chinese People's Political Consultative Conference (CPPCC) to submit comments and suggestions.

可以看出，这种对齐在要求语言单位对齐的同时，也要求语言层次结构对齐。结构对齐是汉英篇章结构平行语料库的核心理念，标注了结构对齐信息的双语篇章结构语料库可以为机器翻译等提供较为直接的双语篇章结构转换知识。

现有的一些汉英平行语料库工作（刘泽权、田璐、刘超朋，2008）一般仅对段落、句子等语言单位进行对齐，并不提供双语结构对齐标注信息，更无篇章层面的结构对齐信息，这使得其在汉英篇章结构对齐知识的提供上作用相当有限。而现有篇章结构语料库主要还是单语上的工作，英语的如修辞结构树库（Carlson，Marcu & Okurowski，2003）、宾州篇章树库（Prasad et al.，2008），汉语的如财经篇章修辞结构树库（乐明，2008）、宾州篇章模式树库（Zhou & Xue，2012）、哈工大篇章树库（张牧宇等，2014）、连接依存篇章树库（Li et al.，2014）等，这些工作中的篇章结构标注体系不尽一致，也没有基于互译关系的平行文本，由此，难于提供直接的汉英篇章结构转换知识。可以说，至今双语对齐篇章结构知识资源还相当匮乏，这也直接制约了基于篇章结构的机器翻译等研究的进展。因此，汉英篇章结构平行语料库的对齐标注具有十分重要的理论和实际意义。

如前所述，结构对齐是汉英篇章结构平行语料库的关键所在。然而，由于双语差异等，实践篇章结构在汉英双语上的完全结构对齐是一项具有相当挑战性的工作。本书 5.1 节初步提出了“结构对齐、关系对齐”的对齐标注原则，用以指导汉英篇章结构平行语料库的创建，然而该思想的可行性如何，还有待进一步验证。本节将对篇章结构对齐标注进行实验评估研究。

5.2.2 汉英篇章结构平行语料库的对齐标注

在篇章结构模式上，CEDT 采用了连接依存树模式（Connective-driven Dependency Tree)（本书第 2 章中有介绍），这种模式融合了修辞结构的层次化结构和宾州篇章模式的连接词论元结构。连接依存树的主要特征如下：篇章结构整体为层次化结构，其中叶子节点为子句，内部节点为连接词，连接词通过其层级地位（管辖范围）表示篇章结构的层次，通过其语义（具体与抽象）表示篇章关系，连接词所连接的篇章单位根据篇章整体意图区分主次，又根据不同语义关系区分为不同关系角色（如因果关系的“原因”“结果”）。这种篇章结构模式已成功应用于汉语篇章结构语料库构建（见本书第 3 章），基于该语料库已进行了多项汉语篇章结构自动分析技术研究（见本书第 4 章）。这种连接依存树模式将统一用于汉英平行语料的篇章结构标注。

不过，CEDT 并不是各自独立地对汉英平行语料进行篇章结构标注。结构对齐是 CEDT 的核心思想，CEDT 的基本原则是“结构对齐、关系对齐”，CEDT 的基础假设是具有对译关系的篇章，其内部的层次结构和关系也一一对应。本质上篇章结构是一种逻辑语义结构，对于一个优质的翻译文本，源语中的因果、转折、并列等逻辑语义关系必然在目的语中得到反映，而且该逻辑语义关系的结构层级等也会得到较好反映。所以“结构对齐、关系对齐”本质上是逻辑语义结构对齐。图 5.6 给出了例 5.14 的结构对齐图。

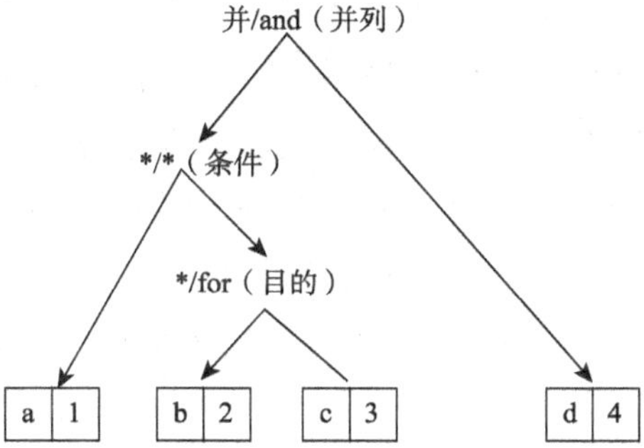

图 5.6　例 5.14 的汉英篇章结构对齐标注

箭头指向关系中心项，“*”表示无显式连接词

基于以上思想，形成汉英篇章结构的对齐标注任务及对齐标注策略，主要包括以下几方面。

1）切分对齐标注：主要是双语基本篇章单位的对齐。如图 5.6 中，例 5.14 的汉英基本篇章单位对齐为：a—1、b—2、c—3、d—4。切分对齐标注的基本策略是以汉语子句分析为优先指导标准，对齐切分英语。

2）结构对齐标注：主要是双语相应切分的层次结构对齐。如图 5.6 中，汉语层次结构与相应的英语结构一一对应：（（a（b c））d）——（（1（2 3））4）。层次结构对齐标注的基本策略是以英语为优先指导标准，对齐分析汉语。

3）关系对齐标注：对于双语对齐的层次结构，其相应的篇章关系对齐。如图 5.6 中，汉语的层次结构关系与英语层次结构关系一一对应：(并列（条件 a（目的 b c））d)——（并列（条件 1（目的 2 3））4）。篇章关系对齐标注的基本策略是以英语为优先指导标准，对齐标注汉语。

4）连接词对齐标注：对于双语对齐的层次结构，其相应的篇章连接词对齐。如图 5.6 中，汉语的连接词及其管辖与英语的层次结构及其管辖一一对应：（并列（*a（*b c））d）——（and（*1（for 2 3））4）。连接词对齐标注的基本策略是以双语对齐的结构层次为指导，根据双语实际标注相应的连接词。

5）关系角色对齐标注：对于双语对齐的层次结构及关系，其相应的篇章关系角色项对齐。例 5.14 中各关系的角色项对应的线性顺序位置正好一致，而在另外的情况下，可能双语关系角色项的线性位置不一致。如对于因果关系，汉语“原因在前，结果在后”，而相应英语却“结果在前，原因在后”。关系角色对齐标注的基本策略是以汉语的关系角色项位置分布常规为指导标准（规定性标准），对齐标注双语具体的关系角色是否符合这一常规。

6）中心对齐标注：对于双语对齐的层次结构及关系，其中心项对齐。如图 5.6 的目的关系中，双语“行为”均为中心项，而“目的”均为非中心项；并列关系中，双语并列前项和后项均地位平等，均为中心项。中心对齐标注的基本策略是以英语主从句等结构形式区分为指导，对齐标注具体关系的中心。

上面的对齐标注策略中，子句对齐分析的汉语（源语）优先策略，保证了对齐分析始终在篇章范畴内，同时又反映出篇章单位对应句法结构等非典型篇章单位的问题；结构与关系对齐分析的英语（目的语）优先策略，从根本上保证了对齐结构是翻译者构造的翻译结构，而不是其他的理解结构；连接词、关系角色及中心的对齐标注策略，可以保证基于结构对齐准确反映双语的篇章语法形式差异。

CEDT 的价值在于：第一，不同于单语篇章结构分析，在根本上，这种实现双语对齐的篇章结构分析，是一种反映了翻译关系的篇章结构分析。对比例 5.15 和例 5.16 中的 B 段，对于相同的汉语语段，不同的翻译者有不同的结构理解，由此有相应不同的翻译结构。本质上 CEDT 构造的对齐结构反映的是翻译者的理解结构（源语）及进一步的翻译结构（双语），而不是其他结构。因此，CEDT 和一般单语篇章结构语料库提供的标注信息会有本质差异，其对于翻译等双语研究也有更为本质和直接的价值。第二，不同于一般平行语料库，CEDT 既有单位对齐又有结构对齐，并且基于结构对齐，标注了双语的连接词、中心等重要语篇属性。因此，相比于一般的平行语料库，CEDT 可以提供更为深刻、准确的双语篇章结构翻译信息。具体而言，CEDT 在篇章单位（包括其主从地位）、篇章结构与关系（包括关系角色顺序）、连接词等方面的汉英篇章结构翻译与对比等研究中将起重要基础性资源作用。

例 5.15　（A）1 现在，我代表国务院，||2 向大会作政府工作报告，|||3 请各位代表审议，|4 并请全国政协委员提出意见。

（《中国政府工作报告》，2011）

（B）1 On behalf of the State Council,|| 2 I now present to you my report on the work of the government|||3 for your deliberation and approval. |4 I also invite the members of the National Committee of the Chinese People's Political Consultative Conference（CPPCC）to submit comments and suggestions.

例 5.16　（A）1 现在，我代表国务院，|2 向大会报告政府工作，||3 请各位代表审议，|||4 并请全国政协委员提出意见。

（《中国政府工作报告》，2012）

（B）1 On behalf of the State Council,|2 I now present to you my report on the work of the government||3 for your deliberation and approval|||4 and for comments and suggestions from the members of the National Committee of the Chinese People's Political Consultative Conference（CPPCC）.

5.2.3 对齐标注实验

基于以上的对齐标注任务和策略，笔者开发了对齐标注平台，以方便语料库的大规模创建与应用。笔者在标注平台上进行了人工对齐标注实验，以考察这种对齐标注策略的可行性。

1. 语料选择

标注实验的语料为 2014 年《中国政府工作报告》（汉英双语）的前半部分，共 16 000 多个字/词。对于该语料，标注者 A 标注有效标注段落 156 个，共标注 816 个关系；标注者 B 标注有效标注段落 156 个，共标注 819 个关系。

语料选择主要考虑以下两方面：第一，政府公文及其英译严谨规范，相对可以较好实现篇章结构的对齐标注；第二，语段的长度和深度具有代表性，包含 5 个左右子句，结构深度在第 3~4 层，比较符合一般的段落长度和深度。

2. 标注训练

两名中文系大四学生在项目导师指导下进行了标注训练。随机从《中国政府工作报告》中选择了 10 个平行段落标注训练语料。标注训练主要由三个阶段构成：①导师示范标注 2 个段落，并讲解主要标注策略及标注规范与标注平台操作；②学生各自完成剩余 8 个段落的标注；③两名学生各自与导师校对自行标注的 8 个段落，校对分三次完成，主要讨论存在问题及其校正与标注策略方法等。在此基础上，两名学生各自进行了实验语料的标注。

3. 对齐标注平台及操作

对齐标注工作在对齐标注平台上实现。对齐标注平台的功能包括篇章单位切分、层次结构标注、连接词标注、关系标注、角色分布标注、中心标注。标注平台工作界面见图 5.7。

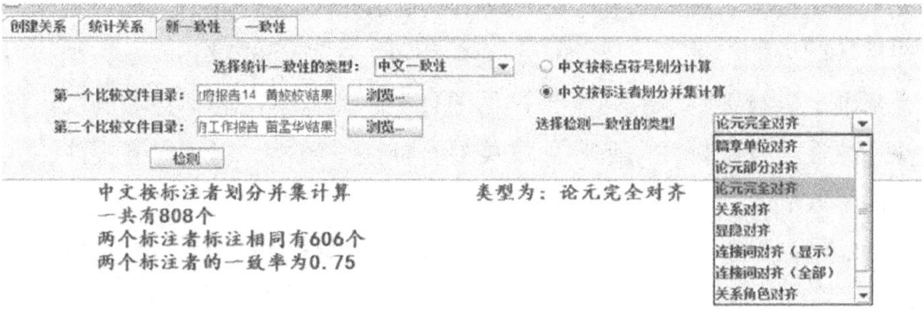

图 5.7　汉英篇章结构平行语料库标注平台界面

对齐标注主要操作规范如下：①从上到下，从左至右，双语步步对齐分析。②双语都是句群结构，以汉语分析对齐到英语分析。主要考虑方便母语为汉语的标注者的理解分析，而双语句群结构一般完全对应。③复句的结构、关系、中心等对齐标注以英语分析为指导。主要考虑英语有较好形式标志且从根本上反映翻译结构。标注界面、标注操作、标注保存见 5.1.4 节内容。

5.2.4　对齐标注的评估与分析

对于大规模的语料库标注工作，标注一致性（consistency）是衡量其标注质量的重要标准，也是判断标注模式可行性的关键标准。不同理论下的篇章结构语料库具体一致性评估内容会有所差异，如针对修辞结构和宾州篇章模式的评估（Zhou & Xue，2012；Carlson，Marcu & Okurowski，2003；Marcu，Amorrortu & Romera，1999）。由于这些语料库均为单语，没有涉及双语结构对齐标注的评估。因此，对于 CEDT 的对齐标注评估，既要考虑篇章结构理论基础的独特性，又要考虑双语结构对齐的独特性。

这里对两名标注者 A 和 B 的共同标注语料进行标注一致性分析。根据 CEDT 的篇章结构模式和对齐标注任务，主要对双语的切分、结构、关系、连接词、关系角色、中心等对齐标注项目进行评估。其中结构对齐是基础评估，关系、连接词、关系角色、中心等的对齐评估在结构对齐基础上进行评估。在每一个评估项目上，均考虑两名标注者的汉语标注一致性、英语标注一致性、汉英混合标注一致性、汉英对齐标注一致性四个方面：

1）汉语标注一致性：计算两名标注者对相同汉语文本标注的一致性。

2）英语标注一致性：计算两名标注者对相同英语文本标注的一致性。

3）汉英混合标注一致性：计算两名标注者对所有汉语、英语文本标注的一致性。

4）汉英对齐标注一致性：计算两名标注者对相同文本的汉语标注一致且相应英语对齐文本标注也一致的一致性。

一致性评估主要计算标注的一致率，主要考察两名标注者标注的一致内容与所有标注内容之比，一致率=A∩B/A∪B。对于不同的对齐标注任务，其计算内容根据具体情况有所不同。另外，也对标注效率进行了评估。

1. 切分对齐标注

切分对齐即基本篇章单位（子句）对齐。评估方法有如下两种。

切分对齐 I：计算所有可能切分的标注的一致性。汉语子句的切分位置均有标点标记，对可能作为切分标记的标点（如逗号、分号、冒号、句号）进行切分与否的一致性计算。英语的子句切分并不一定以标点作为标记切分，形式上的空格（实质是任意单词或标点）也可作切分标记，对任一空格可否作为切分标记进行一致性计算。

切分对齐 II：计算不同标注者所有切分（A∪B）中共同切分（A∩B）的一致性。根据句子位置 SentencePosition="$X_1 \cdots X_2|Y_1 \cdots Y_2$"，计算 A、B

标注切分位置相同的情况。相比 I，这种方法评估更准确，并可统一汉英双语的切分评估标准。

表 5.1 显示，切分对齐表现出较好的一致性，“汉语一致”可达 0.972/0.968，“英语一致”可达 0.992/0.930，最严格情况下（“汉英对齐一致”）“切分对齐 II”也可达到 0.909 的一致率。然而，“汉英对齐一致”还有待进一步提高，相比于“切分对齐 II”的“汉语一致”（0.968）还有一定提高空间。汉英对齐一致切分制约着各项对齐工作的性能，其进一步提高具有重要性和必要性。

表 5.1　汉英篇章结构的切分对齐标注一致性

评估方式	汉语一致	英语一致	汉英混合一致	汉英对齐一致
切分对齐 I	0.972	0.992	0.990	
切分对齐 II	0.968	0.930	0.950	0.909

值得注意的是，在“切分对齐 I”下，“英语一致”好于“汉语一致”（0.992>0.971），而在“切分对齐 II”下，“汉语一致”好于“英语一致”（0.968>0.930），这是因为在“切分对齐 I”中汉英一致性的计算基数不一致，汉语仅对以有限标点符号标记的进行计算，而英语却对有任一空格的进行计算，由于空格不切分的情况较多且容易判断，这就使得英语的切分对齐一致性表现得好于汉语的。

然而，实际情况是汉语的切分对齐一致性好于英语的。这一结果可以在“切分对齐 II”下得到显示（0.968>0.930），此时这两种语言均采用同样的切分对齐评估标准。汉语的切分对齐一致性好于英语的，是因为汉语切分以标点为标记，相对容易；而英语切分并不以标点为标记，具体切分位置容易判断错误。所以，相比“切分对齐 I”，“切分对齐 II”可以更准确地反映双语对齐效果差异。

可从两方面改善切分对齐标注：第一，注意英语切分对齐标注的位置精准性。第二，进一步在汉语指导下，实现英语切分对齐，并从根本上提高汉英切分对齐的一致性。

2. 结构对齐标注

对于结构对齐，采用三种方法进行评估。

1）篇章单位对齐：计算不同标注者所标注语料中所有篇章单位的一致性。即对于一个标注切分 SentencePosition="$X_1 \cdots X_2 | Y_1 \cdots Y_2$"，计算不同标注者所有标注的切分中，任意一个切分块 "$X_1 \cdots X_2$" 或 "$Y_1 \cdots Y_2$" 之间的一致性。这种算法的依据在于，不同层级上的篇章单位首尾跨度不同，所以篇章单位的跨度一致性一定程度上可以反映篇章结构对齐。

2）论元部分对齐：对于一个相同的切分位置，计算不同标注者对于该切分的左论元或右论元的一致性。即对于一个标注切分 SentencePosition="$X_1 \cdots X_2 | Y_1 \cdots Y_2$"，计算 A="$X_1 \cdots X_2$"=B，或 A="$Y_1 \cdots Y_2$"=B。与篇章单位对齐不同之处在于，这种对齐基于一个共同切分位置（$X_2 | Y_1$），比对的对象要求同时是该切分的左论元（"$X_1 \cdots X_2$"）或右论元（"$Y_1 \cdots Y_2$"）。相对于篇章单位对齐，论元部分对齐要求严格一些。

3）论元完全对齐：对于一个相同的切分位置，计算不同标注者对于该切分的左论元和右论元的一致性。相比论元部分对齐，这种对齐要求同一个切分位置（$X_2 | Y_1$）的左论元（"$X_1 \cdots X_2$"）和右论元（"$Y_1 \cdots Y_2$"）完全一致。对于一个切分或一个关系来说，这种对齐是完全对齐。

采用三种方案进行汉英篇章结构的层次结构对齐标注一致率如表 5.2 所示。

表 5.2　汉英篇章结构的层次结构对齐标注一致率

评估方法	汉语一致	英语一致	汉英混合一致	汉英对齐一致
篇章单位对齐	0.843	0.795	0.819	0.824
论元部分对齐	0.928	0.881	0.904	0.850
论元完全对齐	0.709	0.630	0.669	0.636

表 5.2 显示出以下几方面信息。

1）“篇章单位对齐”一致率除“英语一致”（0.795）外，其余均在 0.800 以上，由于篇章单位有大有小，处于不同层级，这一效果显示汉英篇章结构对齐呈现良好一致性。

2）在引入切分位置对齐的情况下，“论元部分对齐”达到更好效果，整体平均约 0.891，说明切分位置的准确把握，这对于结构对齐是非常有帮助的。

3）相比“论元部分对齐”，“论元完全对齐”的效果基本可以，但还不尽如人意，整体在0.630~0.709。这说明，对每个切分或关系的管辖范围的确定还不够精准。其原因与结构理解歧义等有关。如例 5.17 和例 5.18 两个标注的切分虽然完全一致，但由于英语的状语管辖（“On behalf of the State Council”——“我代表国务院”）歧义，（A）、（B）的“论元完全对齐”（结构层次）毫无一致。关于结构对齐困难的进一步分析，本书不详述，可见汉英篇章结构平行语料库对齐标注的难点与对策（冯文贺、李艳翠、周国栋，2014）。

例 5.17 （A）a 各位代表：现在，我代表国务院，|||b 向大会作政府工作报告，||c 请予审议，|d 并请全国政协各位委员提出意见。

（《中国政府工作报告》，2014 年）

（B）1 Fellow Deputies, On behalf of the State Council,|||2 I now present to you the report on the work of the government||3 for your deliberation,|4 and I welcome comments on my report from the members of the National Committee of the Chinese People's Political Consultative Conference (CPPCC).

例 5.18 （A）a 各位代表：现在，我代表国务院，|b 向大会作政府工作报告，|||c 请予审议，||d 并请全国政协各位委员提出意见。

（《中国政府工作报告》，2014 年）

（B）1 Fellow Deputies, On behalf of the State Council,|2 I now present to you the report on the work of the government|||3 for your deliberation,||4 and I welcome comments on my report from the members of the National Committee of the Chinese People's Political Consultative Conference（CPPCC）.

4）各种对齐的“英语一致”整体低于“汉语一致”，原因在于汉语切分以标点符号为标记，较易统一，而英语不以标点符号为标记，精准切分的位置难于确定，导致错误和不一致。

由于结构对齐制约了进一步的关系、连接词、中心等对齐标注，还需进一步提高结构对齐，特别是论元完全对齐的水平。可从两方面改进结构对齐标注：第一，针对英语，提高精确结构切分水平；第二，进一步提高切分点的对齐水平，进而以切分对齐点为基础明确论元管辖。

以上评估中，没有考虑句群结构和复句结构的不同，但其结构分析难度、对齐标注水平及其对于翻译的指导意义不同，一般来说复句结构的分析与对齐标注难度大，但对于翻译的指导意义更大。在进一步的评估研究中，将考虑对句群结构和复句结构赋予不同权重。

3. 关系对齐标注

由于关系对齐总是基于特定的结构对齐，关系对齐是在结构对齐基础上进行的一致性计算。即在论元完全对齐的情况下，比对不同标注者关系类型（RelationType）标注的一致情况。

表 5.3 显示，在结构对齐的基础上，关系对齐标注整体达到较高的一致率，其中最严格的“汉英对齐一致”可达 0.835。同时显示，“汉语一致”和“英语一致”的对齐情况接近（分别为 0.872 和 0.860）。一般而言，英语关系形式标记多（连接词多），关系易于判断，因此对齐策略采用了以英语为指导标准的关系对齐，对齐结果显示这种策略是非常有效的。

表 5.3　汉英篇章结构的关系对齐标注一致率

评估方法	汉语一致	英语一致	汉英混合一致	汉英对齐一致
关系对齐	0.872	0.860	0.865	0.835

但关系对齐还有一定提高空间，其关键在于进一步改善英语关系的

判定，这一方面由关系对齐标注策略决定，另一方面是因为对齐结果显示，“英语一致”还略逊于“汉语一致”（0.860<0.872），说明英语的关系判定还有一些难点。根据语料分析，其难点在无关系词、关系词一词多义、主从复句和句内关系（汉语篇章结构对应英语句法结构）等情况上。

以上仅评估了论元完全对齐下的关系对齐，还有待引入论元部分对齐下的关系对齐评估，其可使对关系对齐标注的认识更全面、客观。各种关系类型对齐一致率也有一定差异，其评估有利于有针对性地改善某些关系的对齐标注效果，这些将在进一步工作中进行研究。

4. 连接词对齐标注

由于连接词总是有一定的管辖范围的，因此对连接词对齐标注的评估在结构对齐（“论元完全对齐”）的基础上进行。对连接词（Connective 取值）对齐标注从三方面进行评估。

（1）显隐对齐：同一结构中，对连接词显式（有连接词）、隐式（无连接词）的标注一致性计算。即在标注语料中结构完全一致的情况下，显隐判断（即 ConnectiveType 取值）的一致性。

（2）显式连接词对齐：同一结构中，对显式连接词的标注一致性进行计算。即对标注语料中结构完全一致且是显式关系连接词的具体取值进行比对计算。

（3）全部连接词对齐：对于同一结构关系，对连接词的具体取值进行比对计算。

表 5.4 显示，对于连接词对齐，“英语一致”明显高于“汉语一致”，特别表现在“显式连接词对齐”和“全部连接词对齐”上（0.950>0.400；0.690>0.278）。这一结果不难理解，英语显式连接词多，且对显式连接词有比较共性的认识；汉语显式连接词少，并且对于连接词的认识分歧还较大[如例 5.19 中，（B）认为“比”可作为“并列关系”连接词，而（A）则不这样认为]。对于英语连接词较统一的认

识，也进一步证明了在关系对齐时以英语为指导性标准的可靠性。

表 5.4　汉英篇章结构的连接词对齐标注一致率

评估方法	汉语一致	英语一致	汉英混合一致	汉英对齐一致
显隐对齐	0.962	0.987	0.974	0.933
显式连接词对齐	0.400	0.950	0.876	0.389
全部连接词对齐	0.278	0.690	0.474	0.205

表 5.4 同时显示，“全部连接词对齐”整体上低于“显式连接词对齐”，这是因为笔者为隐式连接词添加了可以表达该结构关系的连接词（汉语可添加连接词的情况较多）。由于表达同一结构关系的连接词可能有多个，比如表达“并列关系”的有“并且”“同时”等，这就使得对齐较难统一[见例 5.19 中，（A）、（B）为隐式“并列关系”添加的连接词]。这事实上是对语义–形式这一语言复杂对应关系的反映。

例 5.19　（A）a 经济运行稳中向好。|b 国内生产总值达到 56.9 万亿元，|||c[并列]（同时）比上年增长 7.7%。||d[并列]（同时）居民消费价格涨幅控制在 2.6%。||e[并列]（同时）城镇登记失业率 4.1%。|||f[并列]（同时）城镇新增就业 1310 万人，|||g 创历史新高。||h[并列]（同时）进出口总额突破 4 万亿美元，|||i 再上新台阶。

（B）a 经济运行稳中向好。|b 国内生产总值达到 56.9 万亿元，|||c[并列]比上年增长 7.7%。||d[并列]（同时）居民消费价格涨幅控制在 2.6%。||e[并列]（同时）城镇登记失业率 4.1%。|||f[并列]（并且）城镇新增就业 1310 万人，|||g 创历史新高。||h[并列]（同时）进出口总额突破 4 万亿美元，|||i 再上新台阶。

可从两方面改进连接词对齐标注：第一，进一步明确汉语连接词的定义，从而增强汉语显式连接词的对齐标注效果。第二，规范隐式连接词的添加，减少隐式连接词添加的分歧。

5. 关系角色与中心的对齐标注

由于关系角色和中心总是相对于一定的结构关系，对关系角色和中心的对齐标注的评估在结构对齐（“论元完全对齐”）的基础上进行。具体评估方法如下。

1）关系角色对齐：对于相同的结构（“论元完全对齐”），计算不同标注者对于其关系角色的常规分布位置的标注一致性。对于标注语料，即在结构一致的情况下，计算其角色分布取值（RoleLocation 有“符合常规 normal”和“不合常规 abnormal”两个取值）的一致性。

2）关系中心对齐：对于相同的结构（“论元完全对齐”），计算不同标注者对于其关系中心分布位置的标注一致性。对于标注语料，即在结构一致的情况下，计算其中心取值（Center 有三个取值：①中心在前；②中心在后；③前后均为中心）的一致性。

表 5.5 显示，汉语和英语的“关系角色对齐”“关系中心对齐”标注一致率整体水平较高。同时呈现两个特点：第一，两种对齐水平基本相同，表现出语言平衡性；第二，两种对齐一致率有差异，“关系角色对齐”高于“关系中心对齐”。

表 5.5　汉英篇章结构的关系角色与中心对齐标注一致性

评估方法	汉语一致	英语一致	汉英混合一致	汉英对齐一致
关系角色对齐	0.957	0.956	0.963	0.963
关系中心对齐	0.843	0.843	0.843	0.818

这两个特点的原因分别在于以下两个方面。

第一，这两项对齐工作均采用同步对齐标注的策略，即同一个关系项一般总是同时应用于汉英双语标注，所以表现出双语对齐标注一致的平衡性。其中，“关系中心对齐”在汉语上表现出较高一致率，这对于缺乏主从等形式表现的语言是很不错的结果，再次证明以英语为指导对齐标注汉语中心的可靠性。

第二，两项对齐工作采用了不同的对齐标注指导标准，“关系角色对齐”以汉语的角色分布常规为标准，标准明显稳定，易于把握；而

“关系中心对齐”主要以英语的主从句等形式为指导标准，对于没有显性形式的情况则难以把握。由此，两种对齐工作的效果呈现出差异。

改善中心对齐的关键在于，针对英语没有形式标记的情况，提出明确的中心判定标准。

6. 标注效率

本书还对标注效率进行了评估。根据标注语料的时间属性取值（UseTime，单位为秒），计算了每一个关系标注的耗费时间（秒/关系）。每一个关系标注，包含该关系的切分、结构、关系、连接词、角色、中心等全部标注。表 5.6 中，“汉语关系”计算只考虑汉语关系标注时所用的时间；“英语关系”计算只考虑英语关系标注时所用时间；“汉英混合关系”对全部汉英关系标注所用时间进行计算；“汉英对齐关系”计算对同一个关系，标注完汉语和所对齐的英语所用的时间。

表 5.6　汉英篇章结构关系标注耗时分析　　单位：秒

耗时	汉语关系	英语关系	汉英混合关系	汉英对齐关系
平均耗时	37	23	30	60
最高耗时	361	137	361	413
最低耗时	8	4	4	12

表 5.6 显示，篇章结构汉英混合关系标注的效率较高，一个关系的标注平均时间为 30 秒，一对“汉英对齐关系”标注平均耗时 60 秒。相比汉语，英语的标注效率更高（23<37；137<361；4<8）。这一方面与英语有较多形式标记容易判断有关；另一方面可能也与标注者的个人理解和标注策略有关，标注者的母语是汉语，总是倾向于从汉语理解入手，初步理解后才进行英语分析及对齐标注。

7. 评估平台

为方便及时评估标注一致性，笔者开发了评估平台，对于重要标注信息可以及时评价其一致性。导入标注文本，选择评估类型，即可给出评估结果。评估平台如图 5.8 所示。

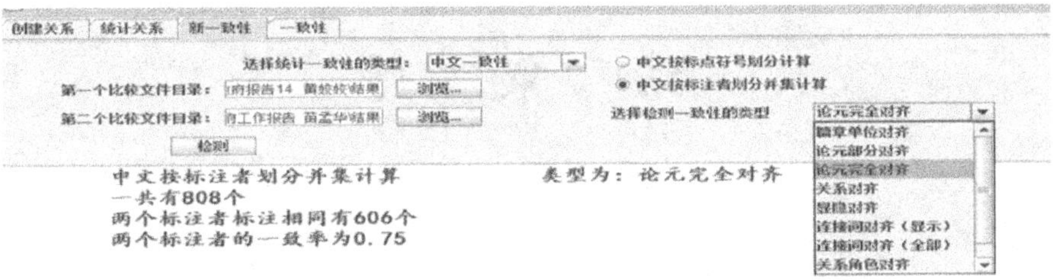

图 5.8　评估平台工作界面

5.3　本 章 小 结

汉英篇章结构平行语料库对基于篇章结构的机器翻译研究等起基础性作用，其研究具有重要理论和实践意义。本章在本书汉语篇章结构分析的基础上进行了汉英篇章结构分析的研究，主要从汉英篇章结构对齐标注和汉英篇章结构对齐评估两个方面展开。本章在“结构对齐、关系对齐”的标注策略指导下，进行了汉英篇章结构的对齐标注实验，提出了对齐标注的评估方法，并进行了实验结果分析。实验结果表明，汉英篇章结构的对齐标注在各个标注任务层面均取得了较好的一致率，具有可行性和可信性，也取得了较好的标注效率。

第 6 章

结　束　语

随着语料库的普及，在字、词、句子的层面上，基于统计的自然语言处理越来越受到重视，也取得了重大发展。随着研究的深入，需要考虑句子内部及句子之间的语义关系，研究子句或句子如何组成更大的语言单位——篇章。篇章研究的一个重要工作是篇章结构分析，目前篇章结构分析研究主要针对英语，汉语篇章结构理论不完善，相应的语料资源缺乏，计算分析研究较少。本书旨在研究汉语篇章结构的理论表示体系，构建汉语篇章结构资源并进行初步的汉语篇章结构分析，还进行了汉英篇章结构分析的研究尝试。

本书针对篇章结构分析进行研究，研究工作及其所取得的成果可以概括为以下几个主要方面。

第一，基于连接依存树的汉语篇章结构表示体系研究。本书首次综合 RSTDT 和 PDTB 的优点，结合汉语本身特点，提出基于连接依存树的篇章结构表示方法。此表示方法的叶子节点为子句，内部节点为连接词，连接词本身可以表示篇章关系，其层级地位也可以表示篇章层次结构，存在关系的篇章单位之间根据篇章意图是有主次之分的。大量实例说明本体系结构是符合汉语特点的，并且具有较强的可操作性。与相关理论的对比说明，在理论基础上和汉语特点切合性上，本体系均有一定优越性。

第二，基于连接依存树的汉语篇章结构语料库标注。采用本书所提出的基于连接依存树的汉语篇章结构表示体系，在 CTB6.0 上标注了 500 个文档的汉语篇章结构语料。根据标注理论，结合汉语特点，采用自顶向下的标注策略和人机结合的标注方法进行 CDTB 构建。标注实验表明语料标注一致性较好，语料库统计表明所标资源达到了一定的规模，所标的各个部分内容均符合汉语特点。

第三，基于 CDTB 的汉语篇章结构分析。本书给出基于 CDTB 的汉语篇章结构分析平台，该平台包括子句识别、连接词识别与分类、篇章关系识别和篇章单位主次识别几个子任务。平台使用自底向上的方法进行篇章结构树构建，输出的是简化了的连接依存树。实验结构表明本书所提出的基于连接依存树的汉语篇章结构表示体系是合理的，本书基于此表示体系构建的汉语篇章结构语料是可用的。

第四，汉英篇章结构分析研究。在本书前期研究的基础上，进行了汉英篇章结构分析研究，将本书理论扩展到汉英双语并进行实践。首先进行了对齐标注实验，提出“结构对齐、关系对齐”的对齐标注策略，应用于切分对齐、层次结构对齐、关系标注对齐、中心对齐等环节，实现了“对齐和标注并行，单位对齐和结构对齐共进”的平行语料库构建模式。然后进行了汉英篇章结构的对齐标注实验，提出了对齐标注的评估方法，并进行了实验结果分析。实验结果表明，汉英篇章结构的对齐标注在各个标注任务层面上均取得了较高的一致率，具有可行性和可信性，也取得了较高的标注效率。

作者的研究虽然在汉语篇章结构分析方面取得了一定的成果，但是离实用化的目标还有很长的路要走，还需要进一步探索和研究。根据目前的研究状况，下一阶段的研究拟从以下几个方面展开：

1）提高汉语篇章结构分析性能。本书虽然给出了汉语篇章结构分析结果，但整体效果还不尽如人意，需要提出新的方法对计算模型进行改进。一方面拟利用语料库中显式连接词可删除和隐式连接词可添加的信息，提高隐式篇章关系的识别性能；另一方面拟参考句法分析，采用全局优化的方法进行汉语篇章结构分析。

2）汉语篇章结构分析在自然语言处理中的应用研究，其实验结果对自动文摘、指代消解等均有帮助，需要研究如何将本书篇章分析结构集成到其他自然语言处理相关应用系统中来提高性能。

3）汉英篇章结构平行语料库的构建及分析研究。本书所提出的基于连接依存树的方法经初步实验也适用于英语，平行语料将有助于汉英机器翻译的研究，需要将本书中的平行语料应用到机器翻译任务中验证效果。

参考文献

柏晓静，常宝宝，詹卫东，等. 2002. 构建大规模的汉英双语平行语料库. 机器翻译研究进展——2002年全国机器翻译研讨会论文集. 2002年1月23—25日，北京.

曹政. 1984. 句群初探. 杭州：浙江教育出版社.

陈莉萍. 2007. 英汉语篇结构标注理论与实践. 上海：上海外国语大学博士学位论文.

褚晓敏，朱巧明，周国栋. 2017. 自然语言处理中的篇章主次关系研究. 计算机学报，40（4）：842-860.

冯文贺. 2013. 汉英篇章结构平行语料库的对齐标注研究. 中文信息学报，（6）：158-165.

冯文贺，李艳翠，周国栋. 2014. 汉英篇章结构平行语料库对齐标注的难点与对策. 第十届全国机器翻译研讨会论文集，25-35. 2014年11月4—6日，澳门大学.

郭曙纶. 2011. 汉语语料库的建设和使用. 上海：上海外语教育出版社.

洪鹿平. 2008. 汉语复句关系自动判断研究. 南京：南京师范大学硕士学位论文.

洪宇，车婷婷，严为绒，等. 2014. 基于平行推理机制的隐式篇章关系检测方法研究. 软件学报，25（11）：2528-2555.

胡金柱，陈江曼，杨进才，等. 2012. 基于规则的连用关系标记的自动标识研究. 计算机科学，39（7）：190-194.

胡金柱，舒江波，姚双云，等. 2009. 面向中文信息处理的复句关系词提取算法研究. 计算机工程与科学，31（10）：90-93.

胡金柱，吴锋文，李琼，等. 2010. 汉语复句关系词库的建设及其利用. 语言科学，9（2）：133-142.

胡开宝，邹颂兵. 2009. 莎士比亚戏剧英汉平行语料库的创建与应用. 外语研究，（5）：64-71.

胡胜高. 2010. 语言与外语教学多维研究. 成都：四川大学出版社.

黄伯荣，廖序东. 2002. 现代汉语（下册）. 北京：高等教育出版社.

蒋峰，褚晓敏，徐昇，等. 2018. 基于主题相似度的宏观篇章主次关系识别方法. 中文信息学报，32（1）：43-50.

乐明. 2006. 汉语财经评论的修辞结构标注及篇章研究. 北京：中国传媒大学博士学位论文.

乐明. 2008. 汉语篇章修辞结构的标注研究. 中文信息学报，22（4）：19-23.

李艳翠，冯文贺，周固栋，等. 2013. 基于逗号的汉语子句识别研究. 北京大学学报（自然科学版），49（1）：7-14.

李艳翠，孙静，周国栋，等. 2014. 基于清华汉语树库的复句关系词识别与分类研究. 北京大学学报（自然科学版），50（1）：118-124.

刘群. 2008. 汉英机器翻译若干关键技术研究. 北京：清华大学出版社.

刘泽权，田璐，刘超朋. 2008. 《红楼梦》中英文平行语料库的创建. 当代语言学，10（4）：329-339.

吕叔湘. 1979. 汉语语法分析问题. 北京：商务印书馆.

Manning, C. D. & Schutze, M. 2005. 统计自然语言处理基础. 苑春法，李庆中，王昀等译. 北京：电子工业出版社.

宋柔. 2013. 汉语篇章广义话题结构的流水模型. 中国语文，（6）：483-494.

孙静，李艳翠，周国栋，等. 2014. 汉语隐式篇章关系识别. 北京大学学报（自然科学版），50（1）：111-117.

涂眉，周玉，宗成庆. 2014. 基于最大熵的汉语篇章结构自动分析方法. 北京大学学报（自然科学版），50（1）：125-132.

王东波，陈小荷，年洪东. 2008. 基于条件随机场的有标记联合结构自动识别. 中文信息学报，22（6）：3-8.

王克非. 2004. 双语对应语料库：研制与应用. 北京：外语教学与研究出版社.

王文格. 2010. 现代汉语小句的研究现状及存在的问题. 汉语学习，（1）：67-76.

吴为章，田小琳. 1984. 句群. 上海：上海教育出版社.

奚雪峰，褚晓敏，孙庆英，等. 2017. 汉语篇章微观话题结构建模与语料库构建. 计算机研究与发展，54（8）：1833-1852.

邢福义. 2001. 汉语复句研究. 北京：商务印书馆.

邢福义，汪国胜. 2011. 现代汉语. 武汉：华中师范大学出版社.

徐凡. 2013. 英语篇章结构分析关键问题研究. 苏州：苏州大学博士学位论文.

徐凡，朱巧明，周国栋. 2013. 基于树核的隐式篇章关系识别. 软件学报，24（5）：1022-1035.

徐赳赳，Webster, J. 1999 . 复句研究与修辞结构理论. 外语教学与研究，4：16-22.

姚双云. 2006. 复句关系标记的搭配研究及相关解释. 武汉：华中师范大学博士学位论文.

张军平. 2008. 英汉翻译中连接手段的使用差异及成因. 西安外国语大学学报，16（4）：51-55.

张牧宇，秦兵，刘挺. 2014. 中文篇章级关系体系及类型标注. 中文信息学报，28（2）：28-36.

张牧宇，宋原，秦兵，等. 2013. 中文篇章级句间语义关系识别. 中文信息学报，27（6）：51-57.

郑贵友. 2005. 汉语篇章分析的兴起与发展. 汉语学习，（5）：40-48.

郑家恒，张虎，谭红叶，等. 2010. 智能信息处理——汉语语料加工技术及应用. 北京：科学出版社.

中华人民共和国国家标准. 2012. GB/T 15834—2011，标点符号用法. 北京：中国标准出版社.

周强. 2004. 汉语句法树库标注体系. 中文信息学报，18（4）：1-8.

周小佩，洪宇，车婷婷，等. 2013. 一种无指导的隐式篇章关系推理方法研究. 中文信息学报，27（2）：17-25.

宗成庆. 2013. 统计自然语言处理（第 2 版）. 北京：清华大学出版社.

Abney, S., Flickenger, S., Gdaniec, C., et al. 1991. *Procedure for quantitatively comparing the syntactic coverage of English grammars*. February 1001 Darpa Speech and Natural Language Workshop (pp.306-311). February 19-22, 1991, Pacific Grove, California.

Asher, N. & Lascarides, A. 2003. *Logics of Conversation*. Cambridge: Cambridge University Press.

Asher, N. & Lascarides, A. 2010. *Logics of Conversation*. Beijing: Peking University Press.

Carlson, L., Marcu, D. & Okurowski, M. E. 2003. Building a discourse-tagged corpus in the framework of rhetorical structure theory. *Current and New Directions in Discourse and Dialogue* (pp. 85-112). Berlin: Springer Netherlands.

Carlson, L., Okurowski, M. E. & Marcu, D. 2002. RST discourse Treebank. Linguistic Data Consortium, University of Pennsylvania, Philadelphia, Pennsylvania.

Cohen, J. 1960. A coefficient of agreement for nominal scales. *Educational & Psychological Measurement*, 20(1): 37-46.

de Beaugrande, R. & Dressler, W. U. 1981. Introduction to text linguistics. *Rocky Mountain Review of Language & Literature*, 37(1/2): 334.

Dines, N., Lee, A., Miltsakaki, E., et al. 2005. Attribution and the (non-)alignment of syntactic and discourse arguments of connectives. *The Workshop on Frontiers in Corpus Annotations Ii: Pie in the Sky* (Vol.27, pp. 29-36). Association for Computational Linguistics, Ann Arbor, Michigan.

Duverle, D. A. & Prendinger, H. 2009. A Novel Discourse Parser Based on Support Vector Machine Classification. ACL 2009, *Proceedings of the Meeting of the Association for Computational Linguistics and the International Joint Conference on Natural Language Processing of the AFNLP* (pp. 665-673). August 2-7, 2009, Singapore.

Elwell, R. & Baldridge, J. 2008. Discourse Connective Argument Identification with Connective Specific Rankers. *IEEE International Conference on Semantic Computing* (pp.198-205). August 4-7, 2008, Santa Clara, CA.

Feng, V. W. & Hirst, G. 2012. Text-level discourse parsing with rich linguistic features. *Meeting of the Association for Computational Linguistics*: Long Papers (pp. 60-68). June 2-7, 2019, Minneapolis, USA.

Feng, V. W. & Hirst, G. 2014. A Linear-time Bottom-up Discourse Parser with Constraints and Post-editing. *Meeting of the Association for Computational Linguistics* (pp. 511-521). June 22-27, Baltimore, Maryland, USA.

Fisher, R. & Simmons, R. 2015. Spectral Semi-supervised Discourse Relation Classification. *Meeting of the Association for Computational Linguistics*: Short paper (pp. 89-93). July 30-31, 2015, Beijing, China.

Forbes, K., Miltsakaki, E., Prasad, R., et al. 2003. D-LTAG system: Discourse parsing with a lexicalized tree-adjoining grammar. *Journal of Logic Language & Information*, 12(3): 261-279.

Gardent, C. 1997. Discourse tree adjoining grammars. Claus University of the Saarlandes, Saarbrucken, Germany.

Givon, T. 1983. *Topic Continuity in Discourse*. Amsterdam: Benjamins Publishing Company.

Grimes, J. E. 1975. *The Thread of Discourse*. The Hague: Mouton.

Grosz, B. J. & Sidner, C. L. 1986. Attention, intentions, and the structure of discourse. *Computational Linguistics*, 12(3): 175-204.

Grosz, B. J., Weinstein, S. & Joshi, A. 1995. Centering: A Framework for Modeling the Local Coherence of Discourse. *Computational Linguistics*, 21(2): 203-225.

Halliday, M. & Hasan, R. 1976. *Cohesion in English*. London: Longman.

Halliday, M. & Hasan, R. 1989. *Language, Context, and Text: Aspects of Language in a Social-semiotic Perspective* (2nd edn.). Oxford: Oxford University Press.

Hernault, H., Bollegala, D. & Ishizuka, M. 2010a. A semi-supervised approach to improve classification of infrequent discourse relations using feature vector extension. *Conference on Empirical Methods in Natural Language Processing* (Vol. 29, pp. 399-409). October 9-11, 2010, MIT Stata Center, Massachusetts.

Hernault, H., Bollegala, D. & Ishizuka, M. 2010b. A sequential model for discourse segmentation. *International Conference on Computational Linguistics and Intelligent Text Processing* (pp. 315-326). March 21-27, 2010, Iasi, Romania.

Hernault H., Helmut P., David A. D., et al. 2010. HILDA: A discourse parser using support vector machine classification. *Dialogue and Discourse*, 1(3): 1-33.

Hobbs, J. R. 1979. Coherence and coreference. *Cognitive Science*, 3(1): 67-90.

Hobbs, J. R. 1993. Information, intention, and structure in discourse: A first draft. In NATO Workshop on Burning Issues in Discourse (pp. 41-46). April 13-15, 1993, Maratea, Italy.

Huang, H. H. & Chen, H. H. 2011. Chinese discourse relation recognition. In *Proceedings of the 5th International Joint Conference on Natural Language Processing* (pp.

1442-1446). November 8-13, 2011, Chiang Mai, Thailand.

Huang, H. H. & Chen, H. H. 2012a. An annotation system for development of Chinese discourse corpus. *COLING 2012*: Demonstration Papers (pp. 223-230). December 8-15, 2012, Mumbai, India.

Huang, H. H. & Chen, H. H. 2012b. Contingency and comparison relation labeling and structure prediction in Chinese sentences. In *Proceedings of the 13th Annual Meeting of the Special Interest Group on Discourse and Dialogue* (pp. 261-269). July 5-6, 2012, Seoul National University, Seoul.

Huong, L. T., Geetha, A. & Christian, H. 2004. Automated discourse segmentation by syntactic information and cue phrases. In *Proceedings of the IASTED International Conference on Artificial Intelligence and Applications* (AIA 2004). February 16-18, 2004, Innsbruck, Australia.

Ji, Y. F. & Eisenstein, J. 2014. Representation Learning for Text-level Discourse Parsing. In *Proceedings of the 52nd Annual Meeting of the Association for Computational Linguistics* (pp. 13-24). June 22-27, 2014, Baltimore, MD.

Joty, S., Carenini, G. & Ng, R. 2012, A novel discriminative framework for sentence-level discourse analysis. In *Proceedings of the 2012 Joint Conference on Empirical Methods in Natural Language Processing and Computational Natural Language Learning* (pp. 904-915). July 12-14, 2012, Jeju Island.

Joty, S., Carenini, G., Ng, R., et al. 2013. Combining intra- and multisentential rhetorical parsing for document-level discourse analysis. In *Proceedings of the 51st Annual Meeting of the Association for Computational Linguistics* (pp. 486-496). August 4-9, 2013, Sofia, Bulgaria.

Lascarides, A. & Asher, N. 2002. Segmented discourse representation theory: Dynamic semantics with discourse structure. *Studies in Linguistics & Philosophy*, 3: 87-124.

Lascarides, A. & Asher, N. 2007. Segmented Discourse Representation Theory: Dynamic Semantics with Discourse Structure. In H. Bunt & R. Muskens (Eds.), Computing Meaning: Volume 3, Springer.

LeThanh, H., Abeysinghe, G. & Huyck, C. 2004. Generating discourse structures for written texts. In *Proceedings of the 20th international conference on Computational Linguistics* (pp. 329-335). August 23-27, 2004, Geneva, Switzerland.

Li, Y., Feng, W., Sun, J., Kong, F., et al. 2014. Building Chinese discourse corpus with connective-driven dependency tree structure. In *Proceedings of the 2014 Conference on Empirical Methods in Natural Language Processing* (pp. 2105-2114). October 25-29, 2014, Doha, Qatar.

Lin, Z. H., Kan, M. Y. & Ng, H. T. 2009. Recognizing implicit discourse relations in the Penn Discourse Treebank. In *Proceedings of the 2009 Conference on Empirical Methods in Natural Language Processing* (pp. 343-351). August 6-7, 2009, Suntec, Singapore.

Lin, Z. H, Ng, H. T. & Kan, M. Y. 2014. A PDTB-styled end-to-end discourse parser. *Natural Language Engineering*, 20 (2) : 151-184.

Louis, A., Joshi, A., Prasad, R., et al. 2010. Using entity features to classify implicit discourse relations. In *Proceeding of SIGDIAL 2010: The 11th Annual Meeting of the Special Interest Group on Discourse and Dialogue* (pp. 59-62). September 15-24, 2010, Tokyo, Japan.

Mann, W. C. 1987. Rhetorical structure theory: A theory of text organization. *Technical Report*, 8(3): 243-281.

Mann, W. C., Matthiessen, C. M. I. M. & Thompson, S. A. 1992. Rhetorical structure theory and text analysis. *Discourse Description*: 39-78.

Mann, W. C. & Thompson, S. A. 1986. Relational propositions in discourse. *Discourse Processes*, 9(1): 57-90.

Mann W. C. & Thompson S. A. 1987a. Rhetorical structure theory: A theory of text organization. University of Southern California, Information Sciences Institute.

Mann W. C. & Thompson S.A. 1987b. Rhetorical Structure Theory: Description and Construction of Text Structures. In Kempen G. (Ed.), *Natural Language Generation*. NATO ASI Series (Series E: Applied Sciences). Springer, Dordrecht. 135: 85-95.

Mann, W. C. & Thompson, S. A. 1988. Rhetorical structure theory: Toward a functional theory of text organization. *Text*, 8(3): 243-281.

Marcu, D. 1997. The Rhetorical Parsing, Summarization, and Generation of Natural Language Texts. PhD Thesis, Department of Computer Science, University of Toronto.

Marcu, D. 2000. *The Theory and Practice of Discourse Parsing and Summarization.* London: The MIT Press.

Marcu, D., Amorrortu, E. & Romera, M. 1999. Experiments in constructing a corpus of discourse trees. *Proceedings of the ACL Workshop on Standards and Tools for Discourse Tagging* (pp. 48-57). June 20-26, 1999, College Park, Maryland.

Marcu, D., Carlson, L. & Watanabe, M. 2000. The Automatic Translation of Discourse Structures. I*n Proceedings of the 1st North American Chapter of the Association for Computational Linguistics Conference* (pp. 9-17). April 29-May 04, 2000, Seattle, Washington.

Marcu, D. & Echihabi, A. 2002. An unsupervised approach to recognizing discourse relations. In *Proceedings of the 40th Annual Meeting on Association for Computational Linguistics* (pp. 368-375). July 6-12, 2002, Philadelphia, PA.

Martin, J. R. 1992. *English Text: System and Structure.* Amsterdam and Philadelphia: John Benjamins Publishing Company.

Milan, T., Julian, B. & Maite, T. 2009. A Syntactic and Lexical-based Discourse Segmenter. In *Proceedings of the ACL-IJCNLP 2009 Conference*: Short paper (pp. 77-80). August 2-7, 2009, Suntec, Singapore.

Moser, M. & Moore, J. D. 1997. Toward a synthesis of two accounts of discourse structure. *Computational Linguistics*, 22(3): 409-419.

Pitler, E., Louis, A. & Nenkova, A. 2009. Automatic sense prediction for implicit discourse relations in text. In *Proceedings of the Joint Conference of the 47th Annual Meeting of the ACL and the 4th International Joint Conference on Natural Language Processing of the AFNLP* (pp. 683-691). August 2-7, 2009, Suntec, Singapore.

Pitler, E., Raghupathy, M., Mehta, H., et al. 2008. Easily identifiable discourse relations. In *Proceedings of COLING* (pp. 87-90). August 18-22, 2008, Manchester, UK.

Polanyi, M. 1998. *Personal Knowledge: Towards a Post-critical Philosophy.* Psychology

Press.

Prasad, R., Dinesh, N., Lee, A., et al. 2008. The Penn Discourse Treebank 2.0. In *Proceedings of LREC* (pp. 2961-2968). May 28-30, Marrakech, Morocco.

Prasad, R., Joshi, A. K. & Webber, B. L. 2010. Exploiting scope for shallow discourse parsing. In *Proceedings of the Seventh International Conference on Language Resources and Their Evaluation* (pp. 2076-2083). May 17-23, 2010, Valletta, Malta.

Renkema, J. 1993. *Discourse Studies.* Amsterdam: John Benjamins Publishing Company.

Sacks, H., Schegloff, E. A. & Jefferson, G. 1974. A simplest systematic for the organization of turn-taking in conversation. *Language*, 50(4): 696-735.

Scha, R. & Polanyi, L. 1988. An augmented context free grammar for discourse. In *Proceedings of the 12th Conference on Computational linguistics* (pp. 573-577). August 27-27, 1988, Budapest, Hungary.

Schank, R. C. & Abelson, R. P. 1977. Scripts, plans, goals and understanding: An inquiry into human knowledge structures. *American Journal of Psychology*, 92(1): 176.

Skadhauge, P. R. & Hardt, D. 2005. Syntactic Identification of Attribution in the RST Treebank. *The Workshop on Linguistically Interpreted Corpora* (pp. 57-61). October 11-13, 2005, Jeju Island.

Soricut, R. & Marcu, D. 2003. Sentence level discourse parsing using syntactic and lexical information. In *Proceedings of HLT-NAACL 2003* (pp. 149-156). May 27-June 1, 2003, Edmonton, Canada.

Subba, R. & Di, E. B. 2007. Automatic discourse segmentation using neural networks. In *Proceedings of the 11th Workshop on the Semantics and Pragmatics of Dialogue* (pp. 189-190). May 30-June 1, 2007, Rovereto, Italy.

Sun, J. & Li, Y. C. 2017. Fine-grained Chinese explanation discourse relation recognition. *Revista de la Facultad de Ingeniería U.C.V.*, 32(10): 873-879.

The PDTB Research Group. 2007. The Penn Discourse Treebank 2.0 annotation manual. IRCS Technical Reports Series. Institute for Research in Cognitive Science, University of Pennsylvania.

Wang, W. T., Su, J. & Tan, C. L. 2010. Kernel based discourse relation recognition with temporal ordering information. In *Proceedings of the 48th Annual Meeting of the Association for Computational Linguistics* (pp. 710-719). July 11-16, 2010, Uppsala, Sweden.

Wellner, B. 2009. Sequence models and ranking methods for discourse parsing. (Unpublished doctoral dissertation). Waltham: Brandeis University.

Wellner, B. & Pustejovsky, J. 2007. Automatically identifying the arguments of discourse connectives. In *Proceedings of the EMNLP-CoNLL* (pp. 92-101). June 28-30, 2007, Prague, Czech Republic.

Wolf, F. & Gibson, E. 2004. Representing discourse coherence: A corpus-based analysis. In *Proceedings of the 20th International Conference on Computational Linguistics* (pp. 134-140). August 23-27, 2004, Geneva, Switzerland.

Wolf, F. & Gibson, E. 2005. Representing discourse coherence: A corpus-based study. *Computational Linguistics*, 31(2): 249-287.

Xue, N. W. 2005. Annotating discourse connectives in the Chinese Treebank. In *Proceedings of the Workshop on Frontiers in Corpus Annotations II: Pie in the Sky. Association for Computational Linguistics* (pp. 84-91). June 29, 2005, Ann Arbor, Michigan.

Xue, N. W. & Yang, Y. Q. 2011. Chinese sentence segmentation as comma classification. In *Proceedings of the 49th Annual Meeting of the Association for Computational Linguistics: Human Language Technologies*: Short paper (pp. 631-635). June 19-24, 2011, Portland, Oregan, USA.

Yang, Y. Q. & Xue, N. W. 2012. Chinese comma disambiguation for discourse analysis. In *Proceedings of the 50th Annual Meeting of the Association for Computational Linguistics* (pp. 786-794). July 8-14, 2012, Jeju Island.

Zhou, L. J., Li, B. Y., Wei, Z. Y., et al. 2014. The CUHK Discourse Treebank for Chinese: Annotating explicit discourse connectives for the Chinese Treebank. In *Proceedings of the Ninth International Conference on Language Resources and Evaluation* (pp. 942-949). May 26-31, 2014, Reykjavik, Iceland.

Zhou, Y. P. & Xue, N. W. 2012. PDTB-style Discourse Annotation of Chinese Text. In *Proceedings of the 50th Annual Meeting of the Association for Computational Linguistics* (pp. 69-77). July 8-14, 2012, Jeju Island.